Karibu

Teil B Grundschrift

Erarbeitet von:
Katharina Berg, Astrid Eichmeyer, Heidrun Kunze,
Esther Mager, Claudia Stiebritz, Kerstin von Werder

Wissenschaftliche Beratung:
Carola Reuter-Liehr

Illustriert von Svenja Doering und Susanne Schulte

westermann

1 👂 ✏️ In welcher Silbe hörst du **T t**?

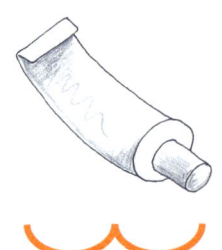   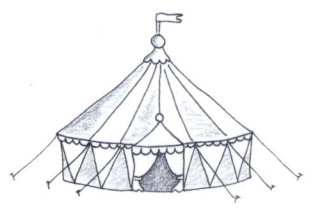

2 ✏️ Finde Wörter und schreibe.

3 🕊️ ✏️ Male Silbenbögen.

Ro	sen
	fa
	man

Tan	san
	nen
	ten

4 👁️ Lies.

5 ✏️ Markiere die doppelten Buchstaben.

Mutter	Melonen	Tomaten	Wasserwellen
Tasse	Ritter	Torwart	Wassertonne

❶ 👁 🐦 Lies mit Silbenbögen.

❷ ✏ Schreibe das Wort.

Mut
Teller
Salat
Tannen
Mantel
Tomate
Wetter

❸ ✏ Male oder schreibe.

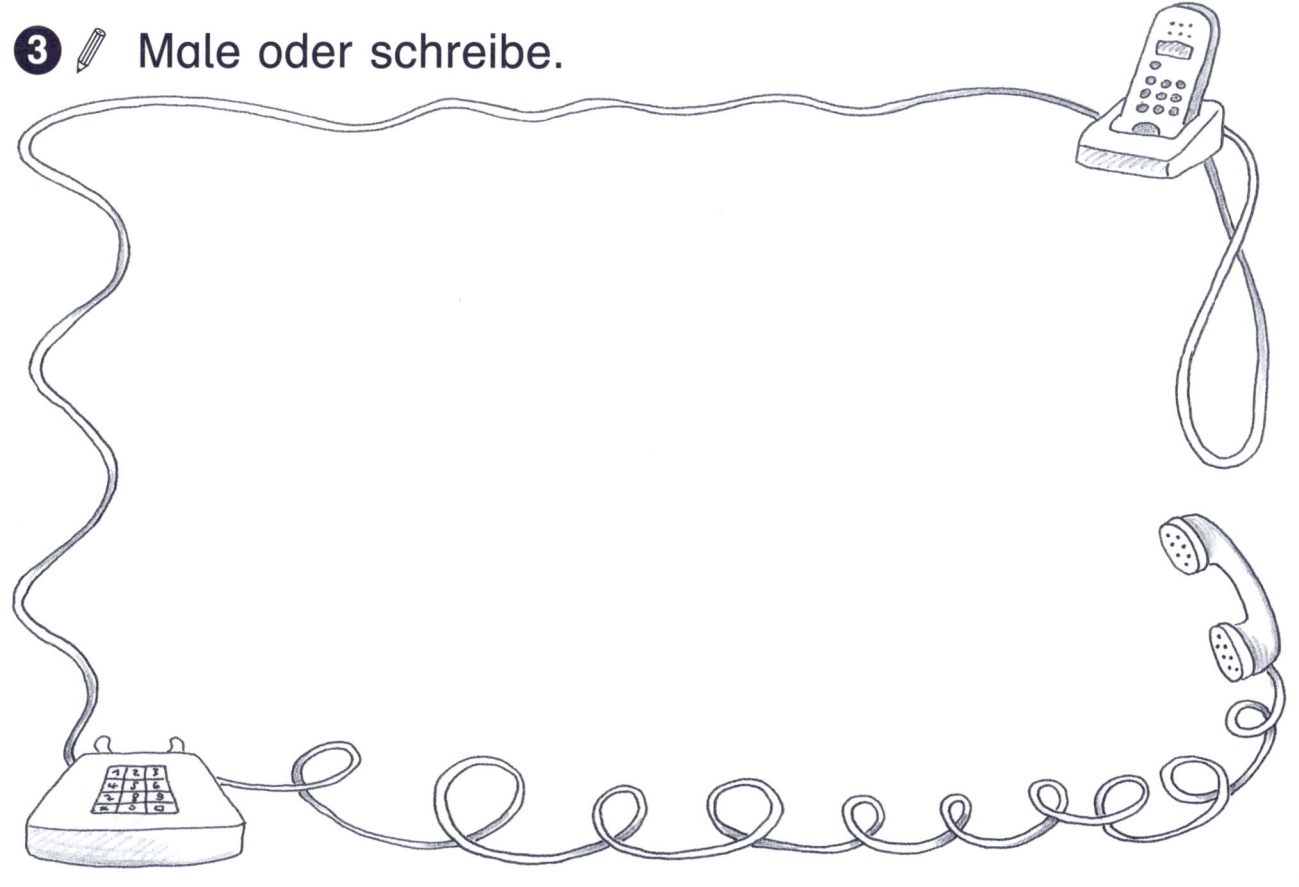

Au au

1 👂 ✏️ Höre und markiere.

A u a u

2 ✏️ Schreibe.

🏠 Au   Au 🏠

🏠 au   au 🏠

🏠 Au au   Au au 🏠

1 Male Silbenbögen.

 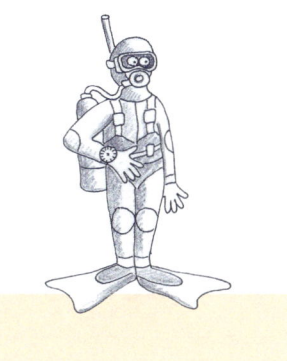 

2 Schreibe.

Auto

laufe

Automat

3 In welcher Silbe hörst du **Au au**?

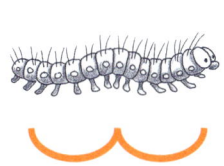   

1 ✏️ Male **Au au** an. Wo fährt das Auto hin?

ee	Ei	Oo	Uu	Au	au	Au	Au
Eu	li	ck	Ee	au	ck	aa	Aa
Au	au	ch	oo	au	Au	ck	ei
ee	au	Au	ei	eu	au	Eu	ch
Ei	ch	Au	uu	Au	au	aa	Ei
ee	sch	au	Ee	au	Ei	ee	ck
ei	sch	Au	aa	Au	Äu	Sch	äu
Aa	Uu	au	au	Au	ch	äu	ei

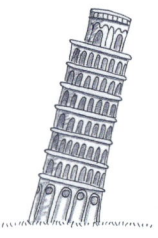

2 👄 ꜱ👂 ✏️ Sprich, höre und schreibe.

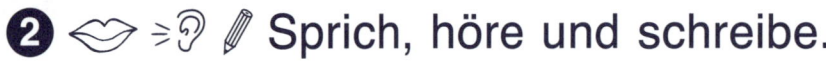

1 ✏️ Markiere die Piloten. Kreise **Au au** ein.

2 👁️ Lies mit Silbenbögen.

Maus Mimi und Laus Toto laufen.

Alle roten Autos sausen los.

Lulu und Laura maulen laut.

3 ✏️ Male oder schreibe.

Ei ei

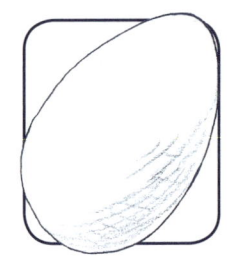

1 ⇒👂 ✏️ Höre und markiere.

E i   e i

2 ✏️ Schreibe.

🏠 Ei   Ei 🏠

🏠 ei   ei 🏠

🏠 Ei ei   Ei ei 🏠

❶ 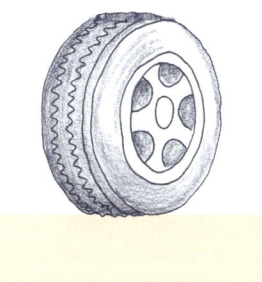 🖋 Male Silbenbögen.

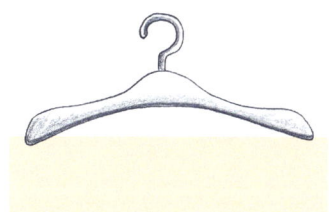

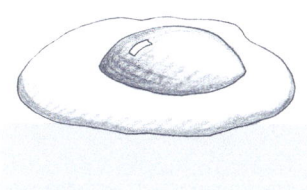

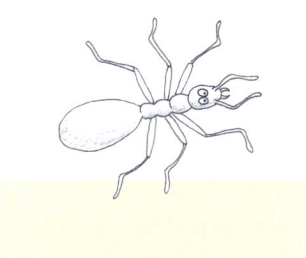

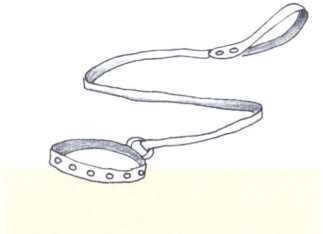

❷ 🖋 Schreibe.

Eimer

Meise

weit

❸ 👂 🖋 In welcher Silbe hörst du **Ei ei**?

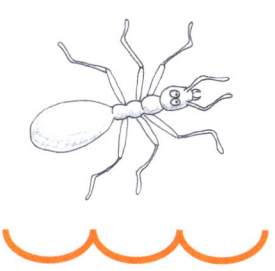

1 👁 🧩 Lies und verbinde.

Tei
Nei
Lei

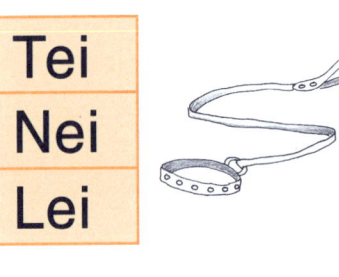

Mei
Rei
Fei

Ei
Au
E

Lei
Sei
Wei

Lei
Sei
Tei

Lei
Tei
Rei

2 👁 🧩 ✏ Lies und verbinde. Schreibe.

Ei   fen   Reifen

Rei   mer

Sei   ter

Lei   fe

3 ✏ Schreibe ein / eine.

1 ✎ Male **Ei ei** an.

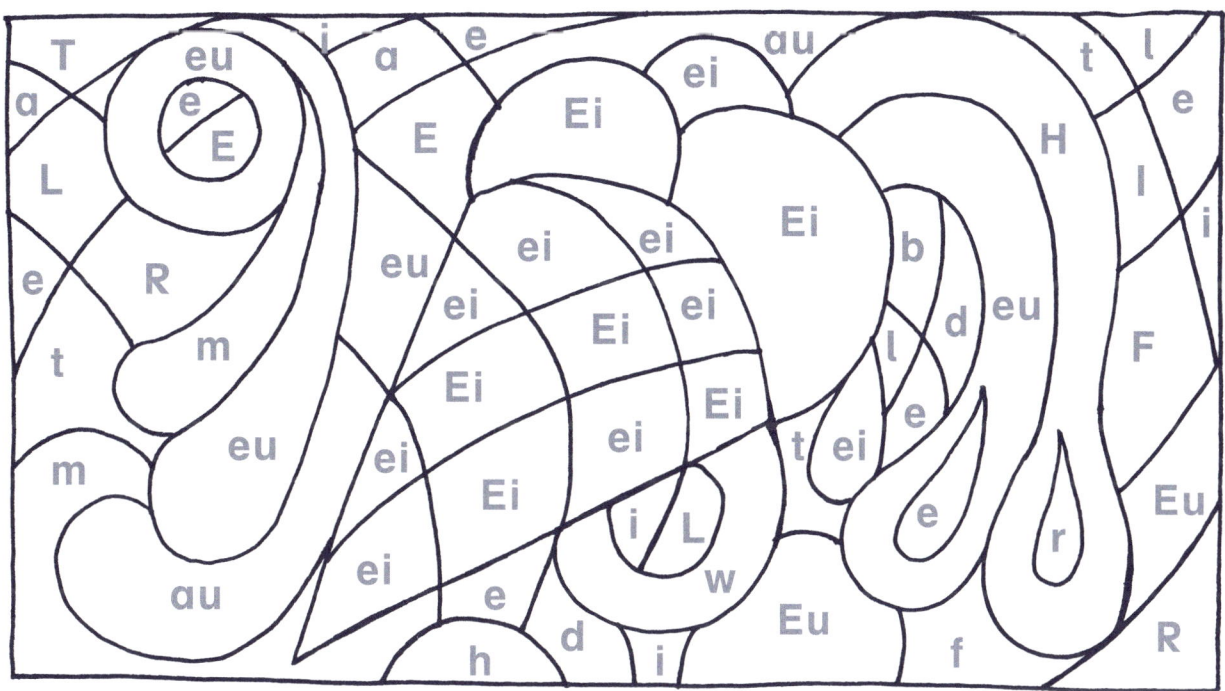

2 ✎ Schreibe oder male.

_____

_____

_____

_____

_____

_____

_____

_____

_____

_____

H h

1 👂 ✏️ Höre und markiere.

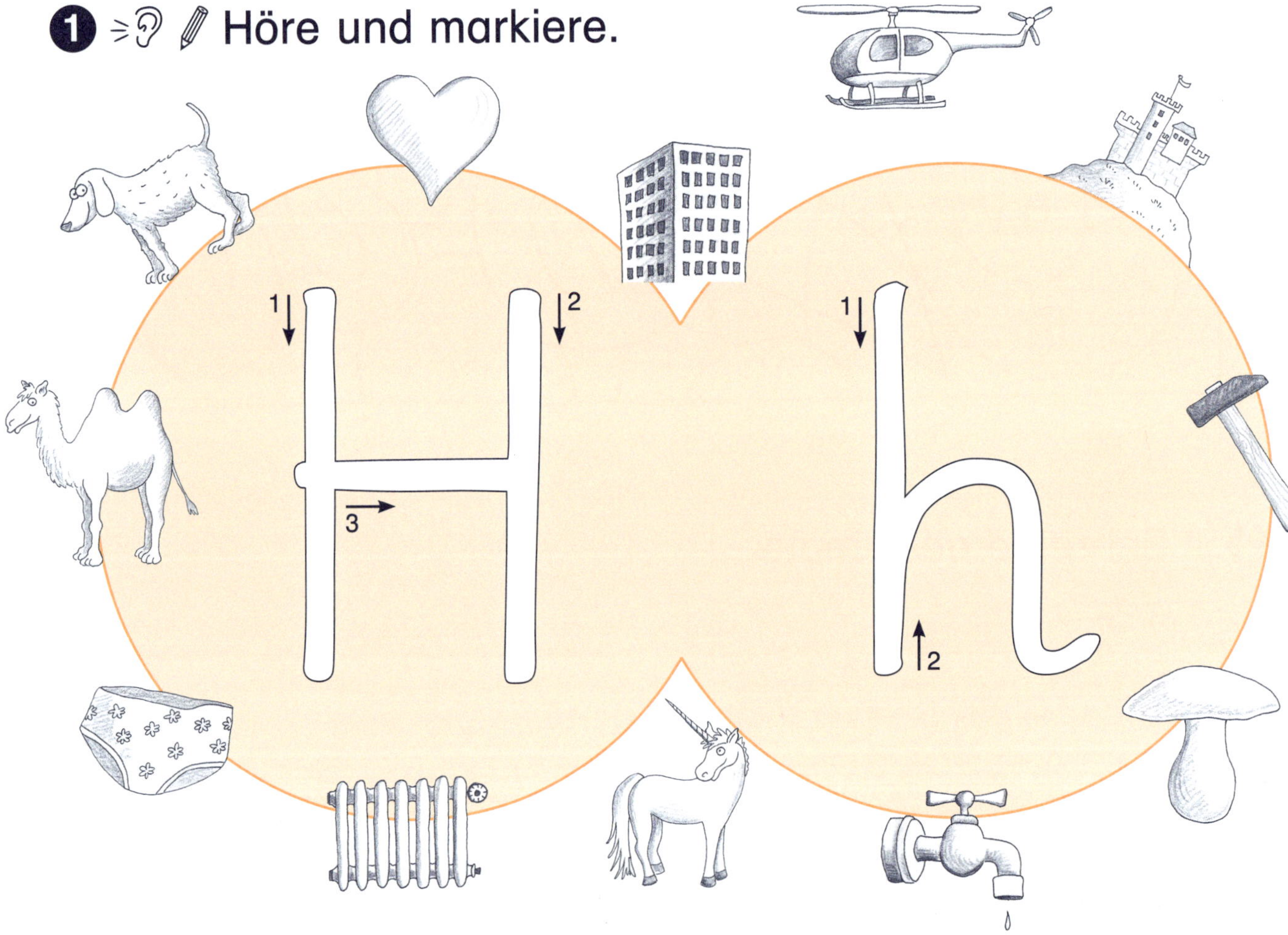

2 ✏️ Schreibe.

1 ✏️ Male **H h** an.

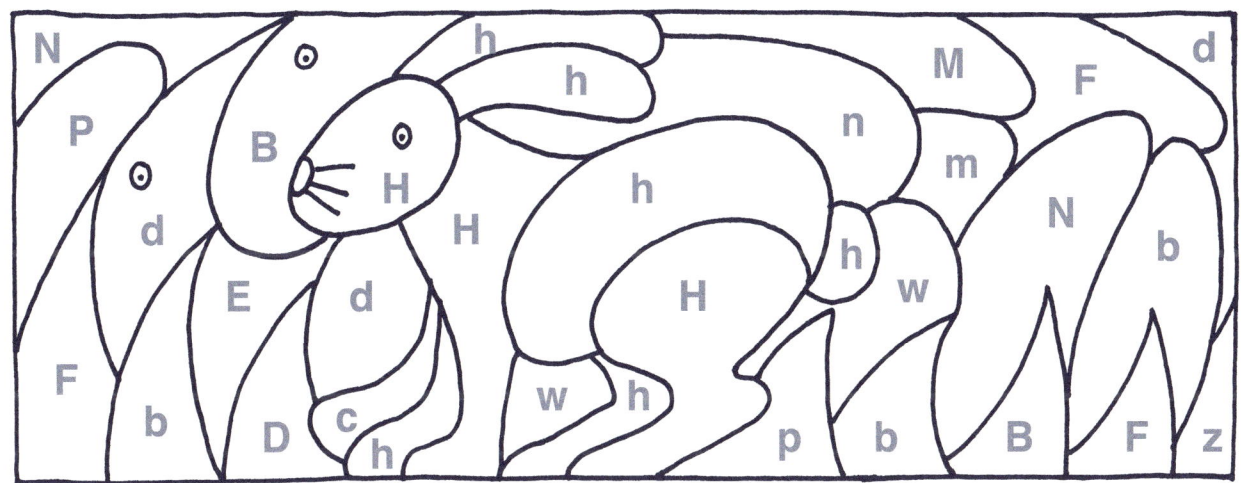

2 ✏️ Schreibe.

Haus

holen

Nashorn

3 👂 ✏️ Wer lacht so? Verbinde.

Ha ha ha ha   Hi hi hi hi

Ho ho ho ho   Hu hu hu hu

❶ 👁 ▭⇒ Lies und verbinde.

❷ 🐦✏ Schwinge und schreibe.

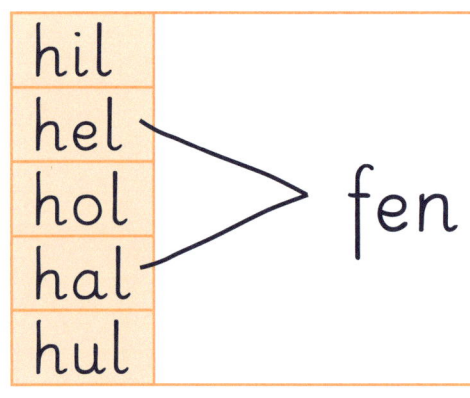

hil	
hel	
hol	**fen**
hal	
hul	

helfen, hal

hol	
hul	
hel	**ten**
hil	
hal	

le	
fe	
se	**hen**
te	
we	

❸ 🐦✏ Male Silbenbögen.

1 👁 🐦 Lies mit Silbenbögen.

2 ✏ Male.

Hannes hat Husten und ist heiser.

Sein Hals ist rot.

Hannes wimmert lautlos.

Auf einmal weint er immer lauter.

Mutter und Lisa wollen Hannes helfen.

Mama holt Hustensaft und meint:

„Nun wollen wir Hannes in Ruhe lassen."

3 ✏ Male oder schreibe.

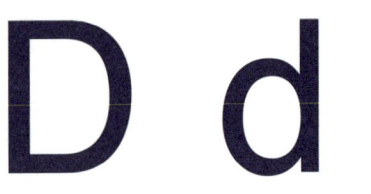

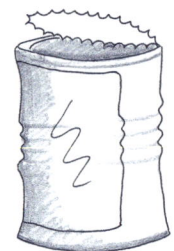

D d

1 👂 ✏️ Höre und markiere.

2 ✏️ Schreibe.

❶ ✎ Kreise **D d** ein.

KhdBMqNDkhvdFfDPplndDcdQaKboqBDrwB
mlbKHDnqubtzUzdKfkbchfbgkgBhtknbcsBbjr

❷ ✎ Schreibe.

der	die	das

❸ 🐦 ✎ Male Silbenbögen.

1 👂 ✏️ In welcher Silbe hörst du **D d**?

2 👁️ ✏️ Lies mit Silbenbögen und male.

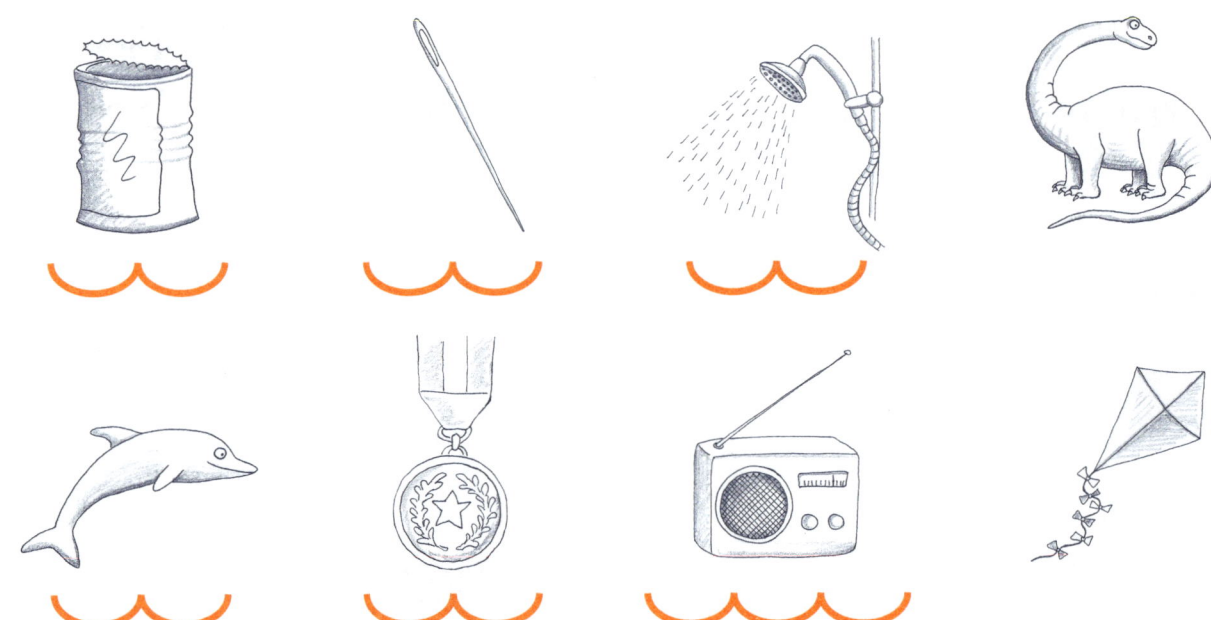

Oma

Oma und Lisa

Oma und Lisa und Darius essen.

Oma und Lisa und Darius essen Nudeln.

Der Dino

Der Dino und die Hunde

Der Dino und die Hunde laufen.

Der Dino und die Hunde laufen in das Haus.

Der Dino und die Hunde laufen in das rote Haus.

❶ 👄 ⇒👂 ✏ Wo sprichst du **D d**? Wo sprichst du **T t**?

Prüfe mit den Lautgebärden.

D

T

❷ ✏ Schreibe oder male.

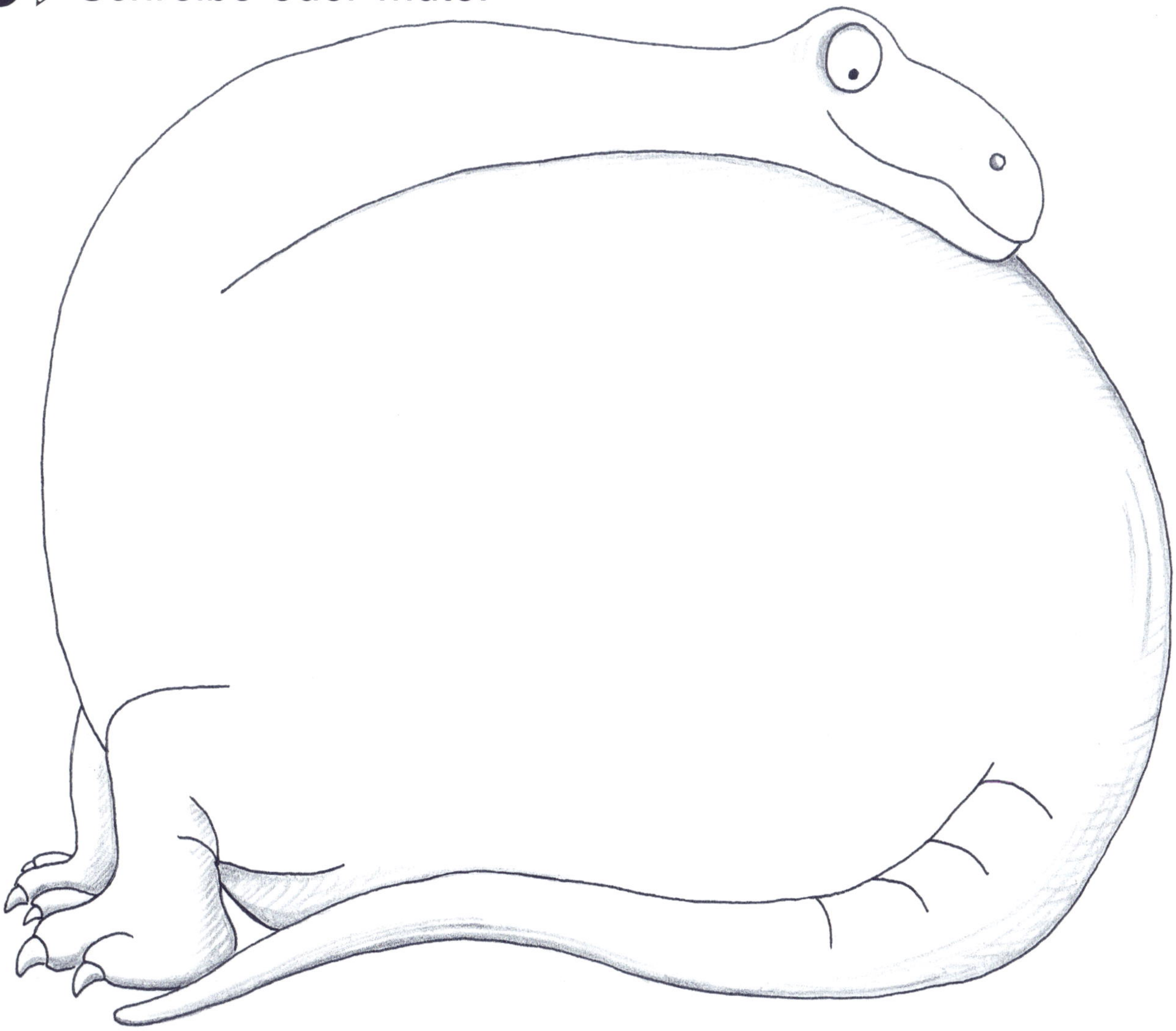

Sch sch

1 👂 ✏️ Höre und markiere.

S c h s c h

2 ✏️ Schreibe.

🏠 Sch   Sch 🏠

🏠 sch   sch 🏠

🏠 Schaf

1  Male Silbenbögen.

2 🖊 Schreibe.

Schaufel

Muschel

Schwein

3 🖊 Male **Sch sch** an.

1 ⇒👂 ✏️ In welcher Silbe hörst du **Sch sch**?

2 🦃 ✏️ Male Silbenbögen. Denke an die Kreuzbögen.

Menschen naschen.

Fischer fischen.

Waschmaschinen waschen.

Muschelschalen rauschen.

Duschen Fische?

❶ ✏ Schreibe.

❷ 👁 Lies.

	o	i	u	a	e
schl	schlo				
schr					
fl					
fr					

❸ ✏ Schreibe oder male.

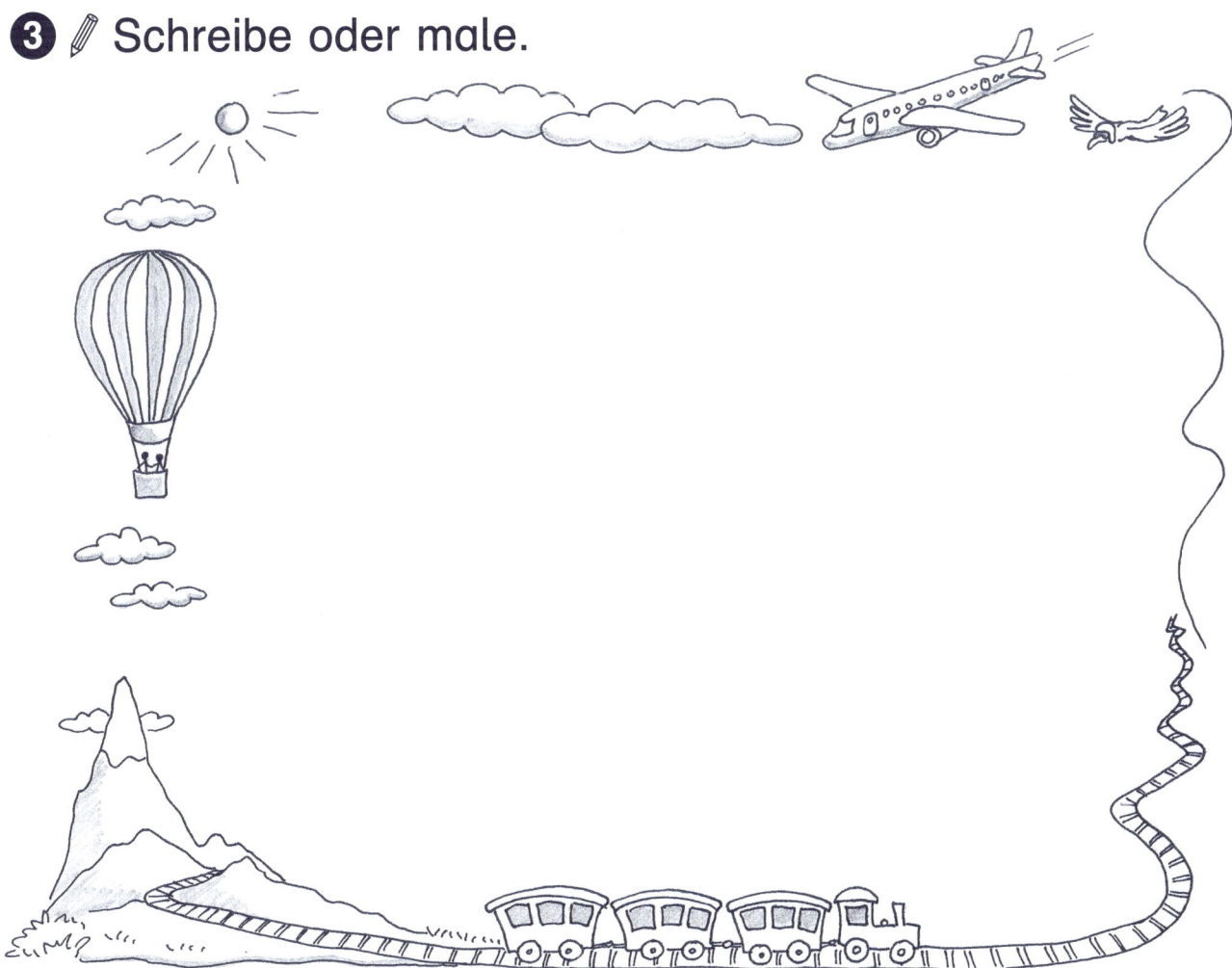

K k

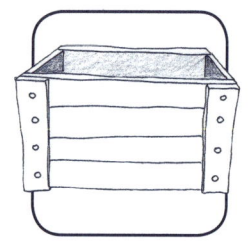 

1 🔊 ✏️ Höre und markiere.

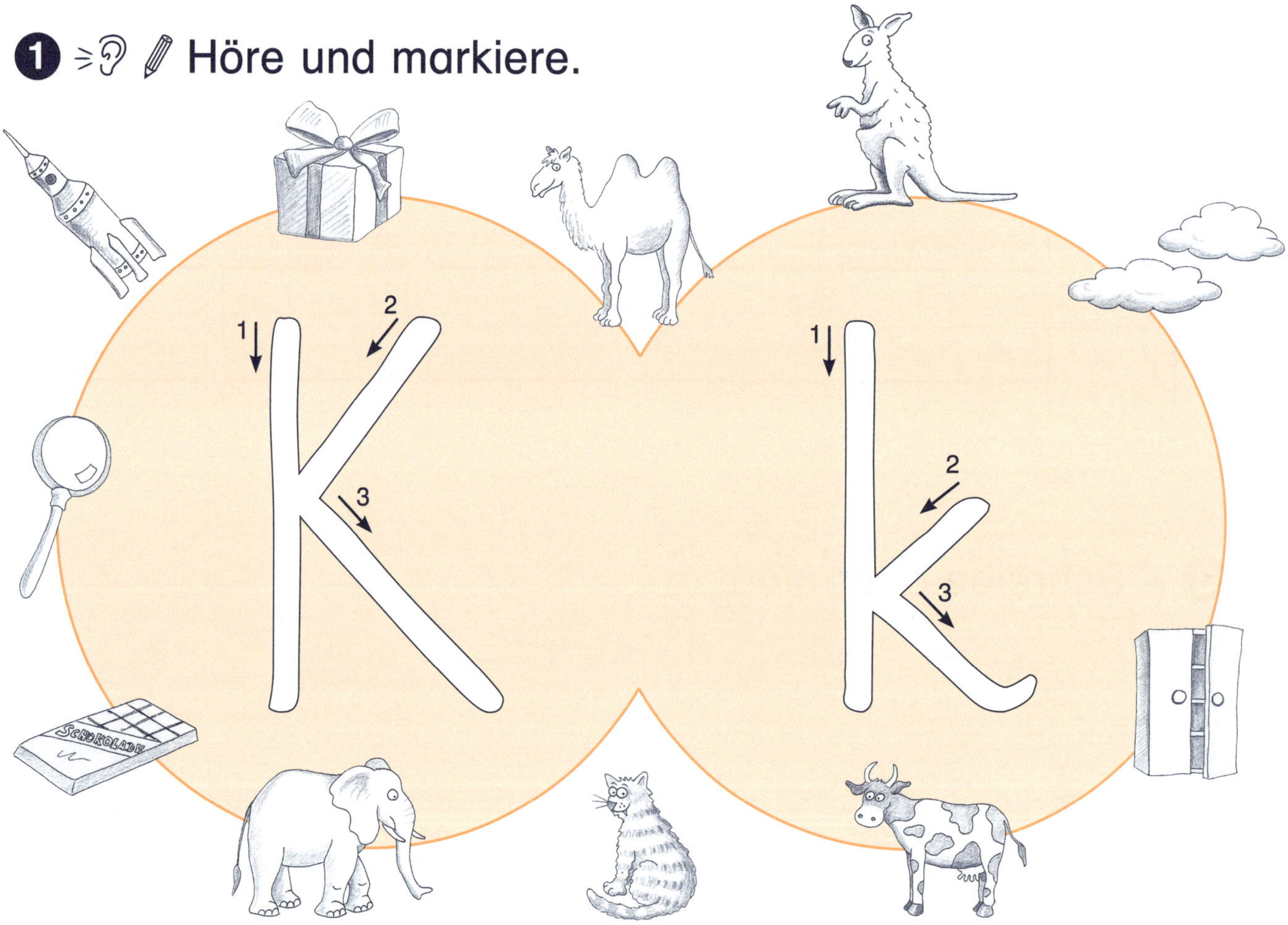

K k

2 ✏️ Schreibe.

1 👁 ⬜→⬜ Lies und verbinde.

2 ✏ 🦢 Schreibe und male Silbenbögen.

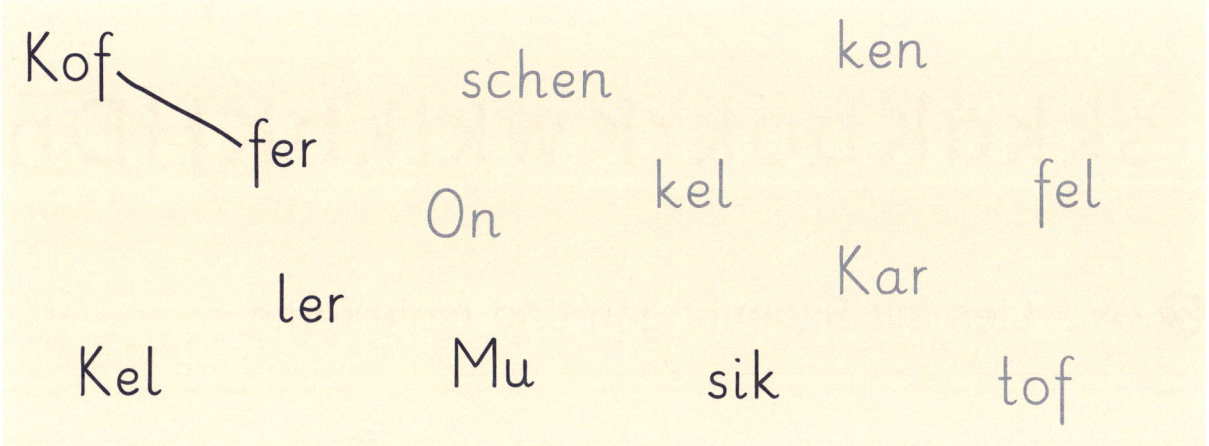

Kof — fer
schen
ken
On
kel
fel
Kar
ler
Kel
Mu
sik
tof

3 👂 ✏ In welcher Silbe hörst du **K k**?

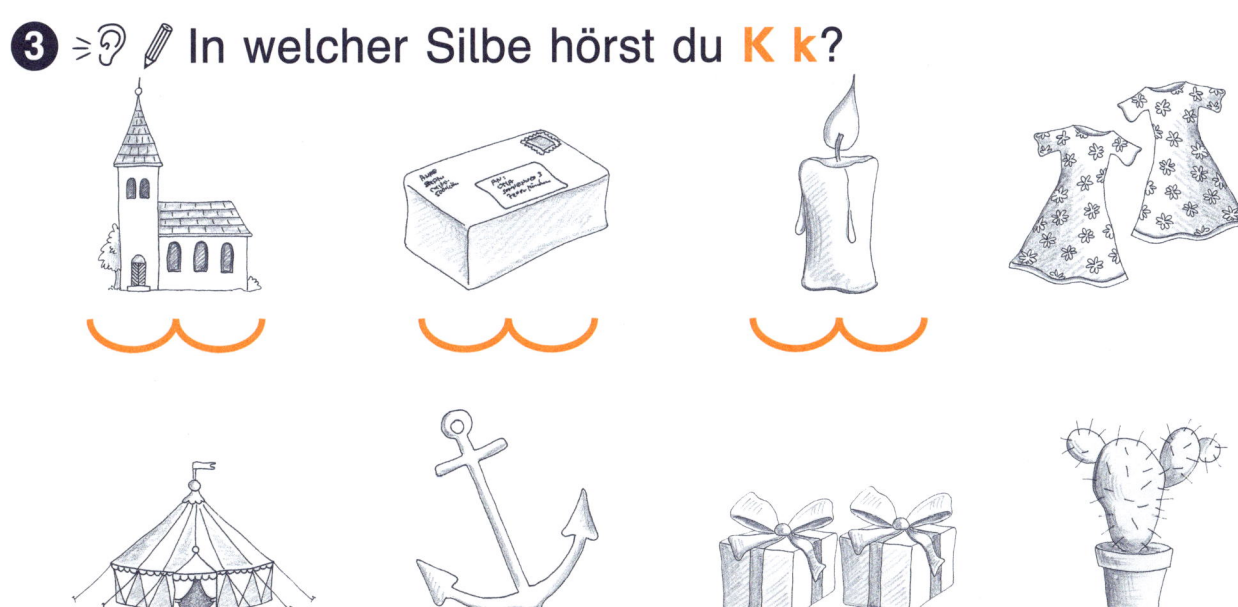

❶ 🖉 Markiere **K k**.

KLMkNkDkhKvKFfPplKnk

skkaKbokrKwklkbKHDnu

❷ 👁 🖉 Lies mit Silbenbögen und male fertig.

Auf dem Kissen ist eine Sonne.

Auf dem Tisch ist ein Koffer.

❸ 🐦 🖉 Lies mit Silbenbögen.

Karawane	Schokolade	Nikolaus

❶ 👁 ✏ Markiere die Wortgrenzen und schreibe auf.

Der|KaterMikeschredetmitdenMenschen.

❷ ✏ Schreibe oder male.

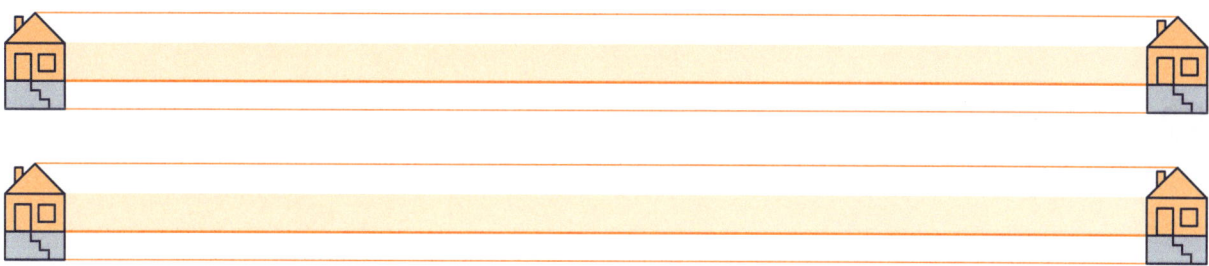

Z z

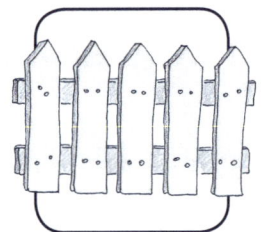 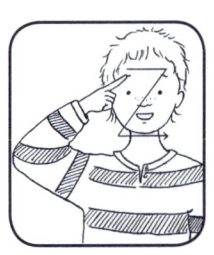

1 👂✏️ Höre und markiere.

2 ✏️ Schreibe.

Z   Z

Z   Z

Z z   Z z

❶ ✏ Male **Z z** an. Was zaubert der Zauberer?

s	e	S	R	K	s	k	e	A	S
z	Z	s	z	Z	Z	a	S	s	H
A	z	N	Z	N	z	o	S	V	S
n	z	a	z	k	z	Z	z	n	e
d	Z	z	Z	j	N	S	z	h	s
h	r	k	o	v	n	s	Z	z	Z

❷ ✏ Schreibe.

zu

Zirkus

zur

❸ 👂 ✏ In welcher Silbe hörst du **Z z**?

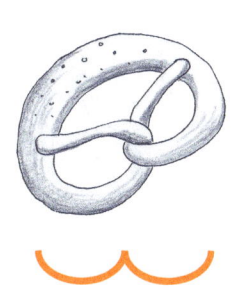

1 Lies mit Silbenbögen.

Federhut	Lattenzaun	Zitronensaft
Zirkuszelte	Zeitschriften	zwitschern
Schulranzen	Weizenhalme	Ritterschwert

2 Lies, vergleiche und kreuze an.

Zorro hat eine Maus im Hut. ☐

Zorro hat eine Laus im Hut. ☐

Zorro hat ein Haus im Hut. ☐

Zini und Zino tanzen unter dem Seil. ☐

Zini und Zino tanzen auf dem Seil. ☐

Zini und Zino tanzen hinter dem Seil. ☐

Dort ist ein Baum. ☐

Dort ist ein Raum. ☐

Dort ist ein Zaun. ☐

1 👄 👂 ✏️ Wo sprichst du **Z z**? Wo sprichst du **S s**?

Prüfe mit den Lautgebärden.

Z	S

2 ✏️ Schreibe oder male.

1 〉👂 ✏ Höre und markiere.

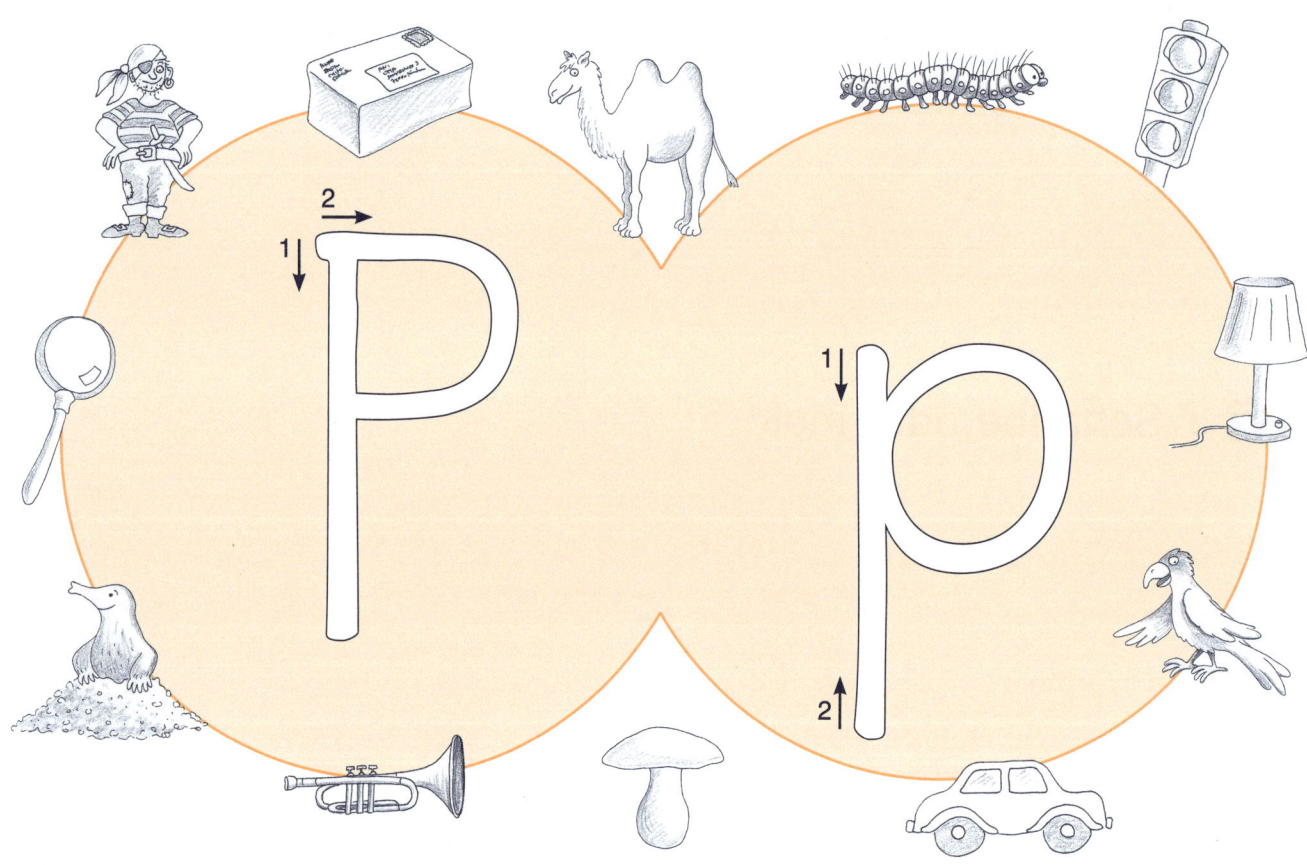

2 ✏ Schreibe.

1 🐦 ✏️ Lies mit Silbenbögen.

Pappe	Perlenkette	Palastaufseher
Suppentasse	Poster	Piratenschwerter

2 ✏️ Schreibe.

Pirat

Puppe

prima

3 👂 ✏️ In welcher Silbe hörst du **P p**?

1 ✎ Schreibe und male Silbenbögen.

| Pilze | Paprika | Palme |

2 ✎ Male **P p** an.

❶ 👁 🐦 Lies mit Silbenbögen.

❷ ⬛▶⬛ Verbinde.

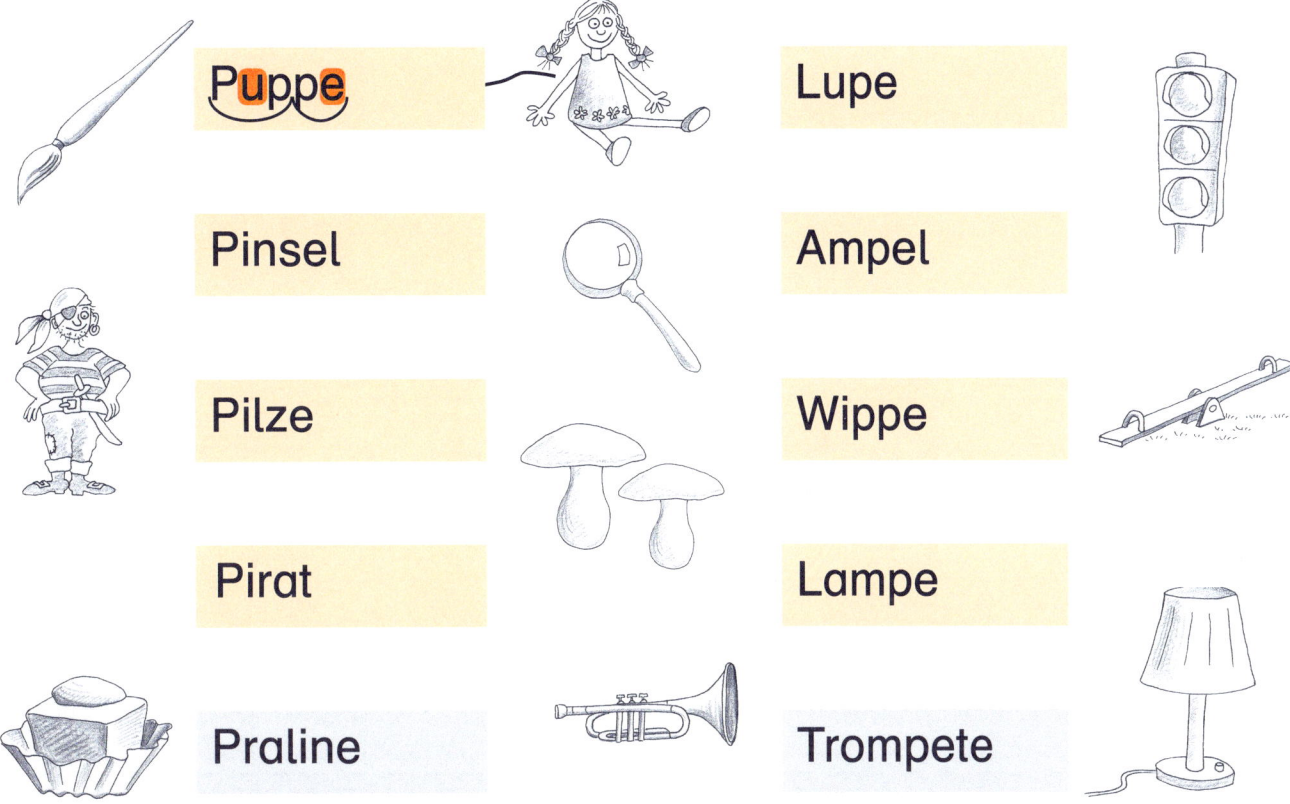

Puppe

Pinsel

Pilze

Pirat

Praline

Lupe

Ampel

Wippe

Lampe

Trompete

❸ ✏ Schreibe oder male.

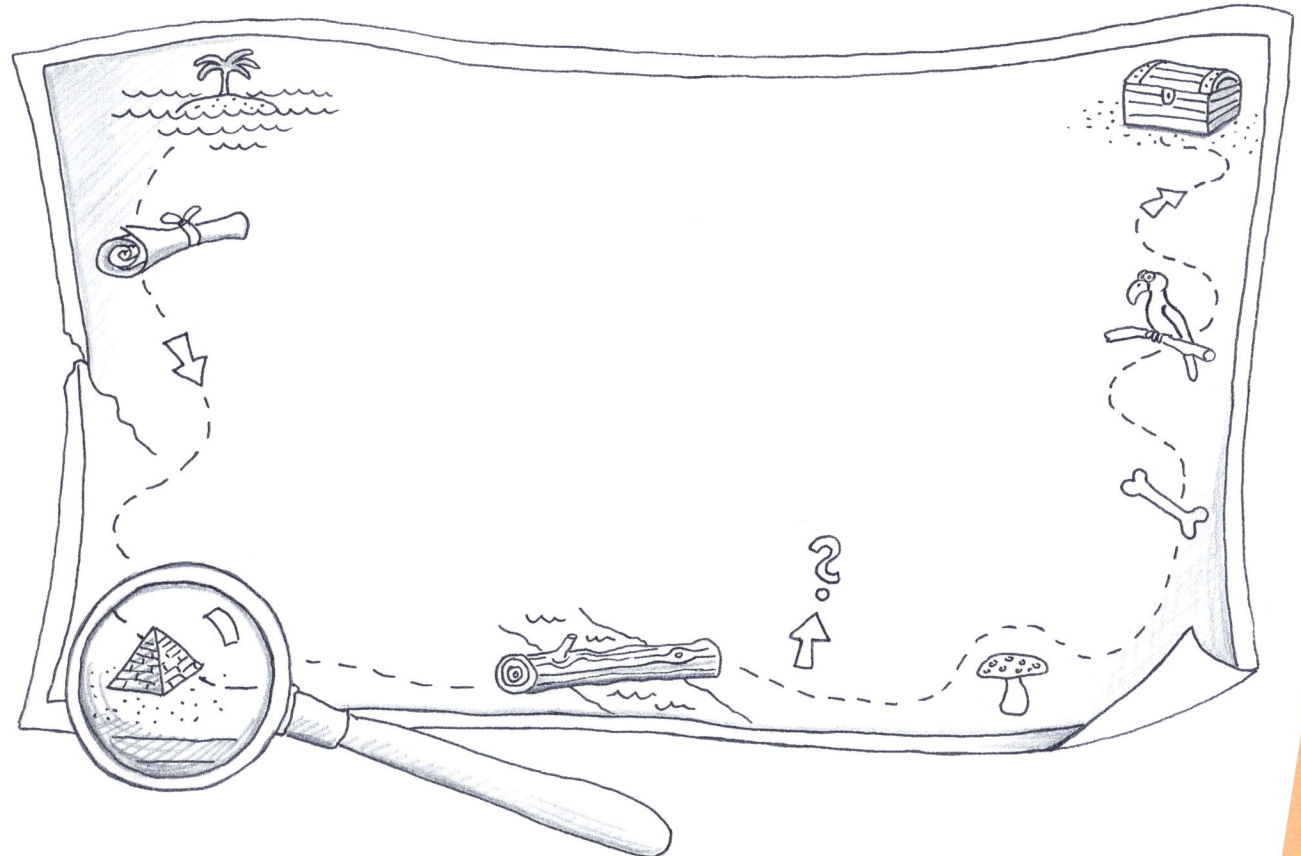

G g

1 👂 ✏️ Höre und markiere.

2 ✏️ Schreibe.

1 🐦 ✏️ Lies mit Silbenbögen.

Gewinnerin	Gurkensalat	Gartenzwerge
Zeitungen	Gartenzaun	Gummiente

2 ✏️ Schreibe.

gut

Regel

Garten

3 👁️ ✏️ Lies und male.

Geige	Kugel	Geschenk	Giraffe

1 🖊 👁 Markiere **G g**.

GpgougGhgipPgRGhCgvkgKGbjgGfgGgsGap

2 👂 🖊 In welcher Silbe hörst du **G g**?

3 👄 👂 🖊 Wo sprichst du **G g**? Wo sprichst du **K k**?

Prüfe mit den Lautgebärden.

G K

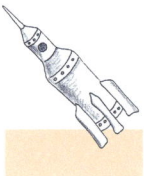    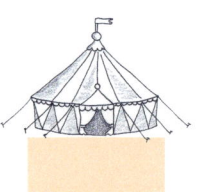

1 👁 🧩 Lies und verbinde.

gel		gen		gen		gel
ger		gel		gel		gen
gen		ger		ger		ger

fer		tel		ker		zer
fen		ten		ken		zen
fel		ter		kel		zel

2 ✏ Schreibe oder male.

_____

_____

_____

_____

_____

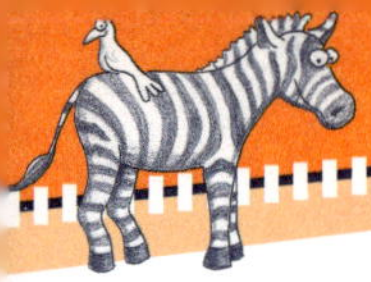

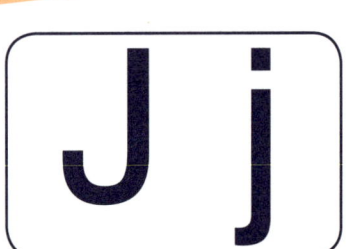

J j

1 👂✏️ Höre und markiere.

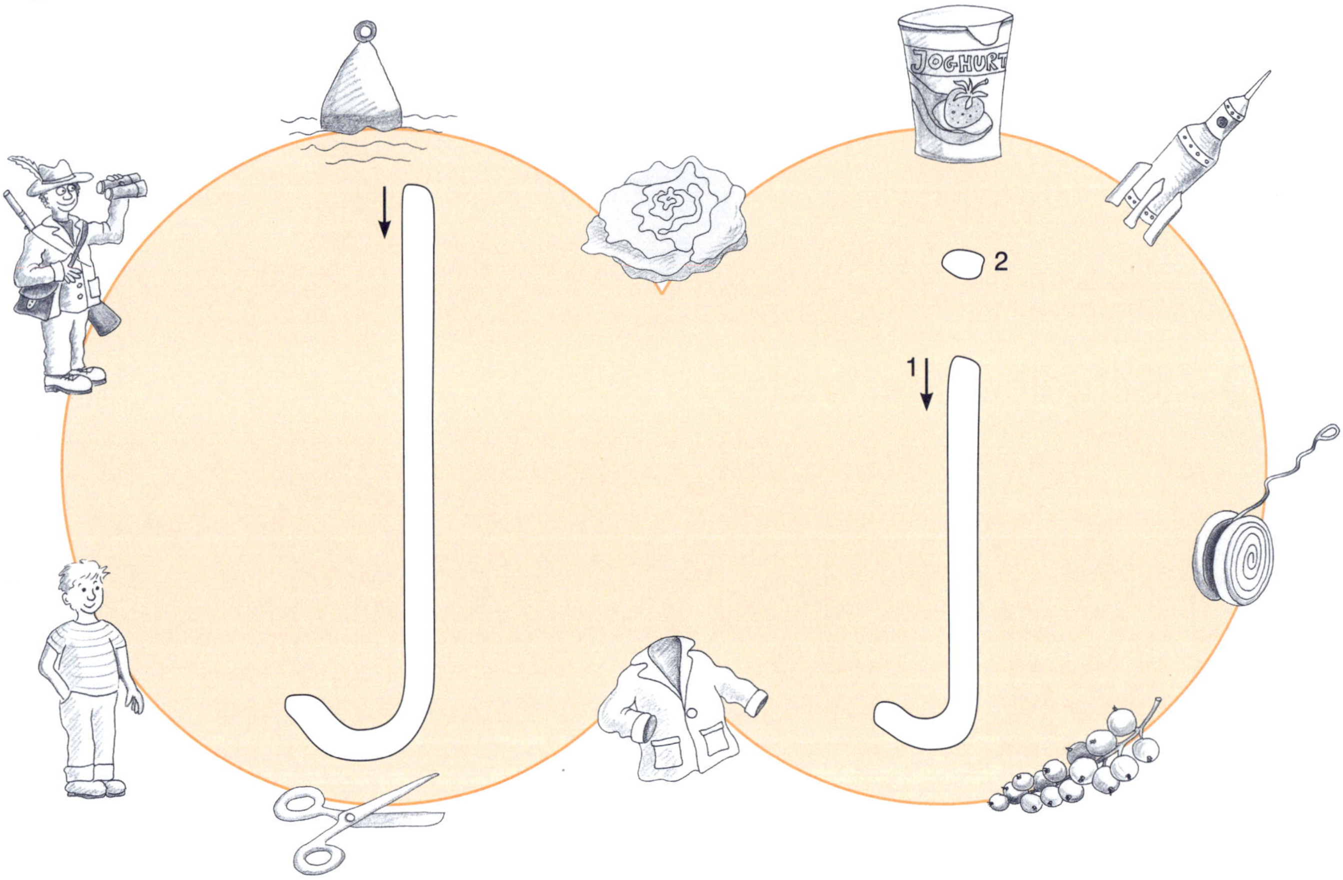

2 ✏️ Schreibe.

1 🐦✏️ Lies und male Silbenbögen.

Juwelen	Junireise	Januartage
Jungen	jagen	Kajakpaddel
Jammerlaune	Jerusalem	Regenschirm

2 ✏️ Schreibe.

jeder

Junge

Juwelen

3 👂✏️ In welcher Silbe hörst du **J j**?

1 🖉 👁 Lies und markiere.

Der Pirat ist in der `Koje` `Wanne` .

Der Monat `Juli` `Januar` ist im Winter .

Jan und Katja sind `Namen` `Damen` .

Hundefutter ist in der `Dose` `Hose` .

Jonas und Jo lernen `Judo` `Juli` .

2 🖉 Male **J** **j** an.

❶ ✏ Markiere und schreibe auf.

J	J	u	d	o	r	d
j	a	u	l	e	n	p
j	j	j	J	u	n	i
u	J	o	j	o	a	r
i	i	h	j	a	w	l
P	a	J	a	p	a	n
z	j	a	g	e	n	l
J	u	p	i	t	e	r

Judo

❷ ✏ Schreibe oder male.

Eu eu

❶ 👂 ✏️ Höre und markiere.

$\overset{2}{\longrightarrow}$
$\underset{1}{\downarrow}$ $\overset{3}{\longrightarrow}$ $\underset{4}{\longrightarrow}$ $\underset{1}{\downarrow}$ $\underset{2}{\downarrow}$ Eu

$\underset{1}{\longrightarrow}$ $\underset{2}{\downarrow}$ eu 9

❷ ✏️ Schreibe.

Eu eu   Eu eu

heute

Euro

1 🐦 ✏️ Lies und male Silbenbögen.

Heuhaufen   Eulennester   Zigeunerschnitzel

2 ✏️ Male **Eu eu** an.

Au	ei	ei	au	au	ei	au	ei	ei
Ei	Eu	eu	Eu	Au	Ei	Ei	au	Ei
Au	eu	Ei	au	Ei	au	Au	ei	Ei
Au	Eu	eu	Eu	ei	eu	Au	Eu	Au
Ei	Eu	ei	Au	Au	Eu	ei	Eu	Au
Au	eu	Eu	eu	ei	eu	eu	eu	Ei
ei	au	au	ei	Ei	au	ei	au	Ei

3 👂 ✏️ In welcher Silbe hörst du **Eu eu**?

❶ 👁 ✏ Schreibe.

Eulen

Eulen

❷ 👁 ✏ Lies mit Silbenbögen und male fertig.

Es ist dunkel.

Eulen flattern in der Luft.

Die Freunde laufen zu einem alten Haus.

Neun Fenster hat das Haus.

„Huhu, huhu", rufen die Eulen.

Nun ist Tim fort. Was ist geschehen?

❸ ✏ Schreibe oder male. Was ist geschehen?

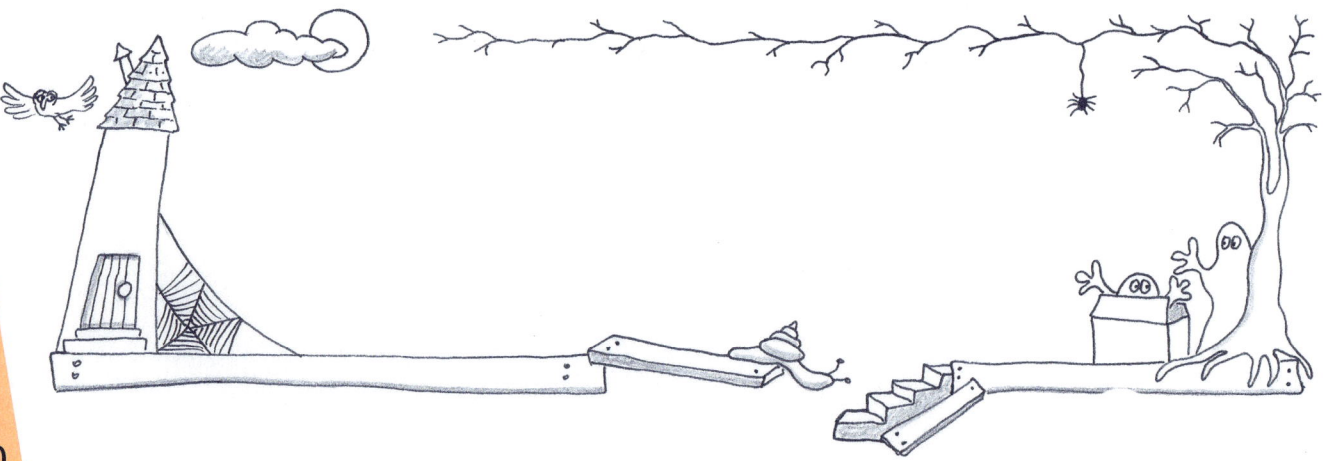

Ch ch

1 👁 ✏ Lies und markiere **Ch ch**.

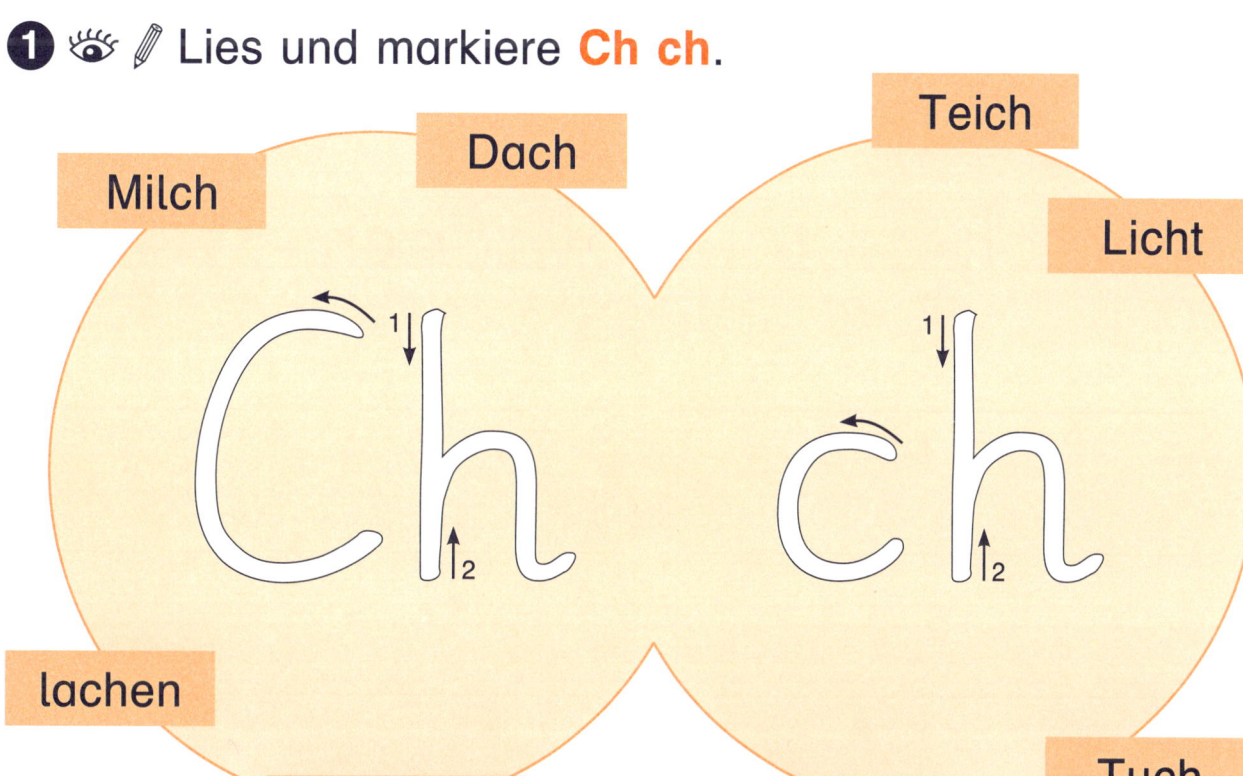

Milch

Dach

Teich

Licht

lachen

Chinese

Fach

Tuch

2 ✏ Schreibe.

Ch   Ch

ch   ch

Woche

lachen

1 👂✏️ Sprich genau und ordne zu.

Milch ~~lachen~~ Chinese Dach Tuch
Teich Licht Fach

Milch	lachen

2 🦢✏️ Male Silbenbögen. Denke an die Kreuzbögen.

Was Menschen alles machen:

Manche lachen gern.

Manche machen Krach.

Manche wollen kochen.

Menschen machen freche Sachen.

Menschen suchen manchmal Drachen.

1 👂✏️ In welcher Silbe hörst du **Ch ch**?

2 👁️✏️ Suche und schreibe Reimwörter.

reich

Teich

w

D

D

Fach

w

fl

Ü ü

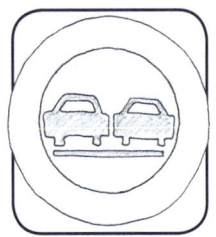

1 👂✏️ Höre und markiere.

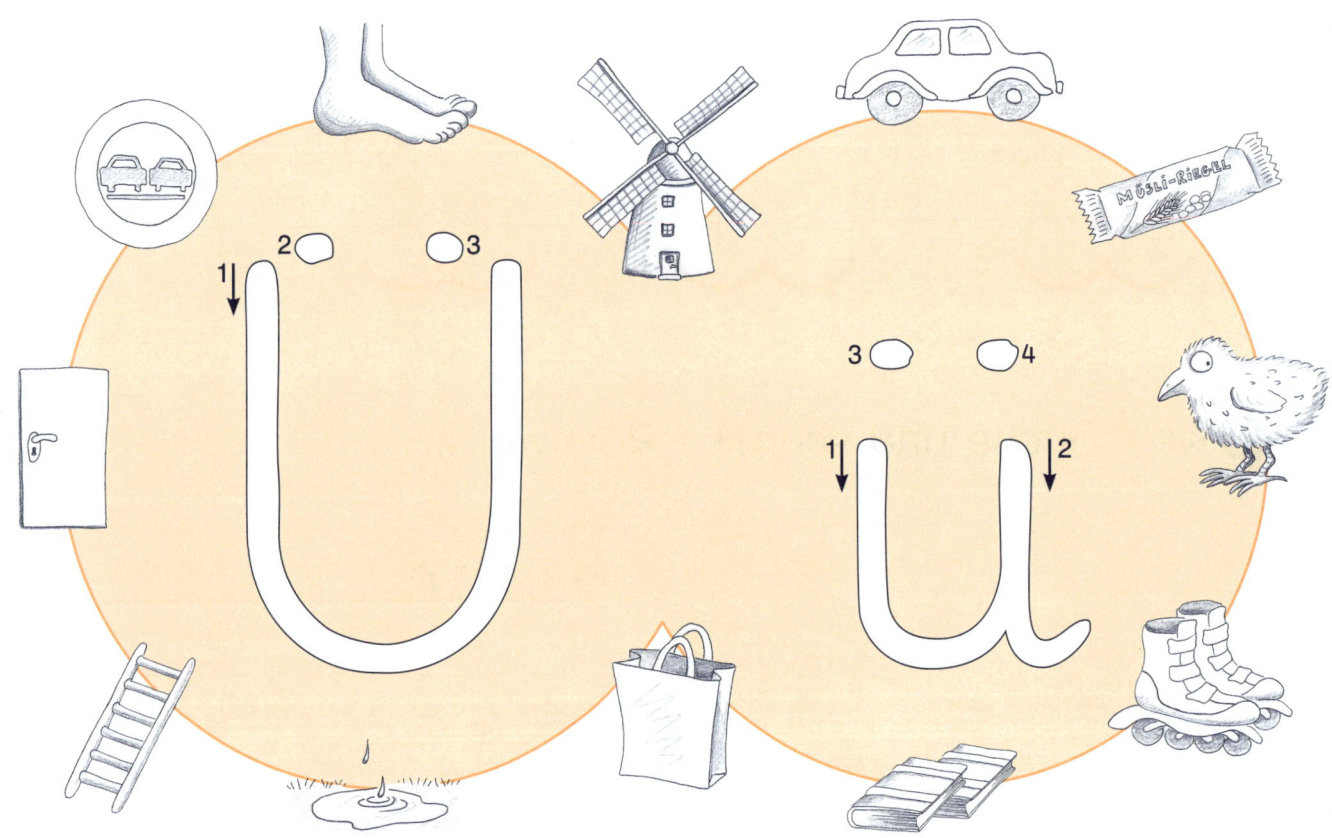

2 ✏️ Schreibe.

Ü ü   Ü ü

Tür

grün

1 ✏️ 🦃 Schreibe und male Silbenbögen.

Kno

Müt   ze

Tau   chen

cher

2 🦃 ✏️ Lies mit Silbenbögen.

Gemüsekuchen   Piratenkostüm   Grüffelo

3 👁️ ✏️ Lies mit Silbenbögen und male.

Die Maus

Die graue Maus

Die graue, schlaue Maus

Die graue, schlaue Maus ist im Haus.

Der Grüffelo

Der Grüffelo ruft.

Der Grüffelo ruft laut.

Der Grüffelo ruft laut um Hilfe.

Ö ö

1 👂 ✏️ Höre und markiere.

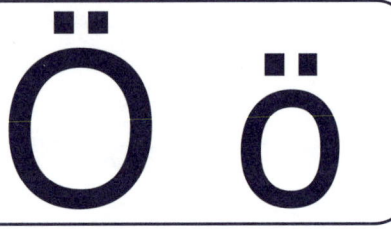

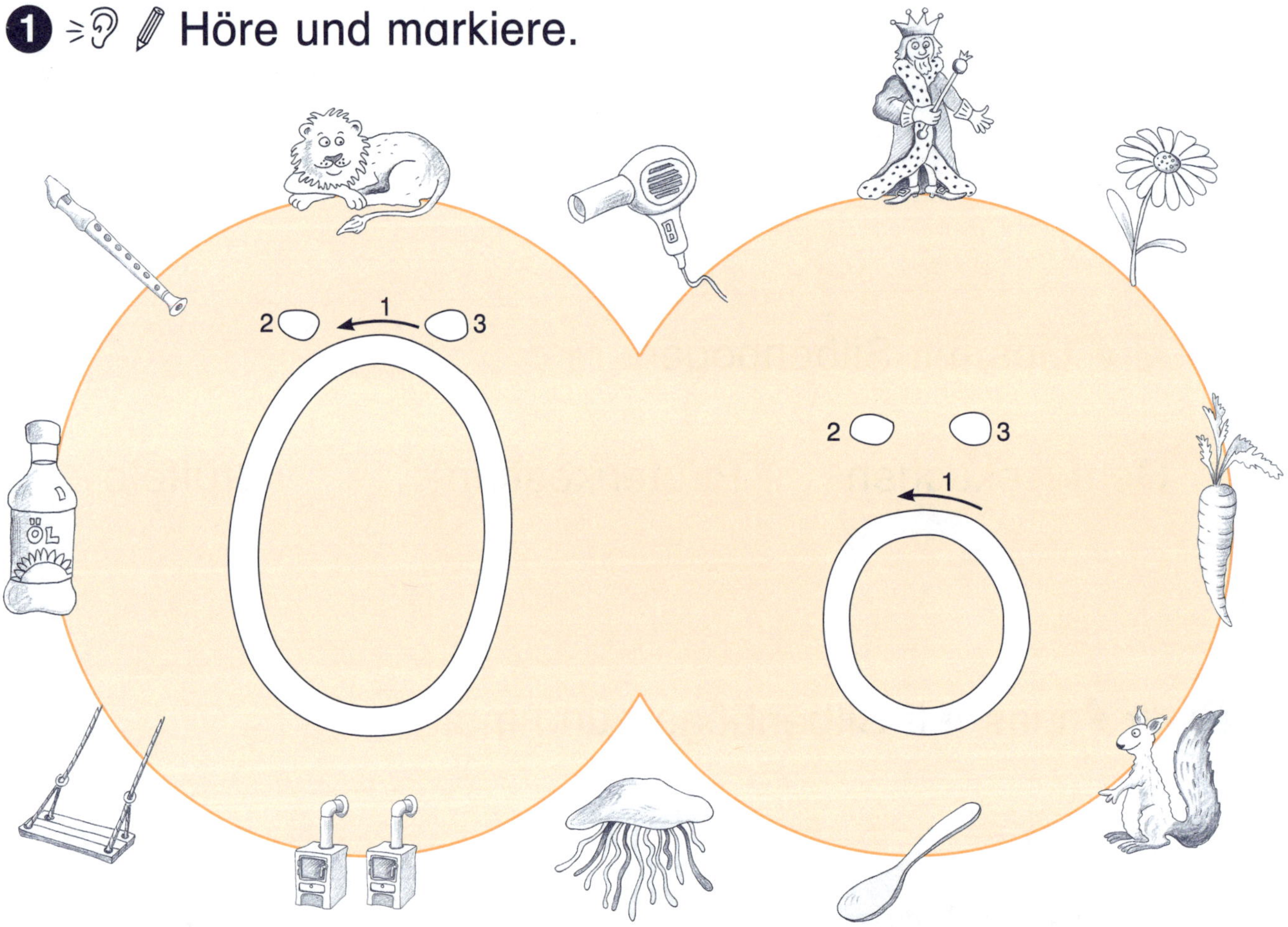

2 ✏️ Schreibe.

Ö ö   Ö ö

Öl

Löwe

1 👁 ✏ Finde Wörter und schreibe.

i	F	r	i	s	ö	r
K	r	ö	t	e	o	ü
Ü	o	l	o	d	Ö	l
M	ö	w	e	u	Ü	ü
ü	K	ö	r	p	e	r
F	ö	r	s	t	e	r
O	ü	L	ö	w	e	u

_____

_____

_____

_____

_____

_____

_____

2 👂 ✏ In welcher Silbe hörst du **Ö ö**?

3 ✏ Schreibe oder male.

B b

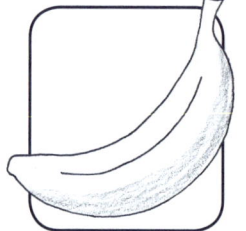

1 👂 ✏️ Höre und markiere.

2 ✏️ Schreibe.

B   B

b   b

B b   B b

1 🐦 ✏️ Lies mit Silbenbögen.

Bikinihose	Buttermilch	Bauchschmerzen

2 ✏️ Schreibe.

Bus

bellen

baden

3 👂 ✏️ In welcher Silbe hörst du **B b**?

4 👄 👂 ✏️ Wo sprichst du **B b**? Wo sprichst du **P p**?

Prüfe mit den Lautgebärden.

1 👁 ▭⟶▭ Lies und verbinde.

Bo
Bu
Bi

Bö
Bu
Bü

Bro
Bre
Bri

Bas
Bes
Bus

Bar
Bir
Bur

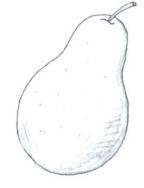

Bla
Blu
Blo

2 ✏ Schreibe die erste Silbe.

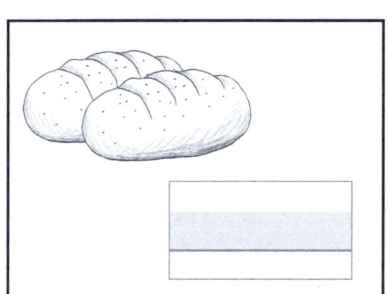

3 👁 ▭⟶▭ Lies mit Silbenbögen und verbinde.

In der Bücherei leihen wir	tolles Buch.
Ich lese ein	Bücher aus.
Zum Ausleihen brauche ich	Hunde-Bücher.
In der Bücherei finde ich	Wörter.
In Büchern sind	einen Ausweis.

❶ ✎ Male **B b** an. Wohin will Bu heute?

g	C	P	G	p	P	c	p
P	n	E	b	B	B	P	R
B	b	p	B	G	b	B	P
R	b	g	b	R	p	b	G
p	B	u	b	b	E	b	B
B	b	P	n	b	C	p	E
b	G	n	u	B	g	E	R
b	b	B	b	B	G	C	g

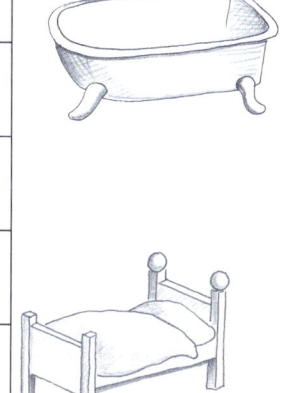

❷ ✎ Wo sind Kari und Bu morgen? Schreibe oder male.

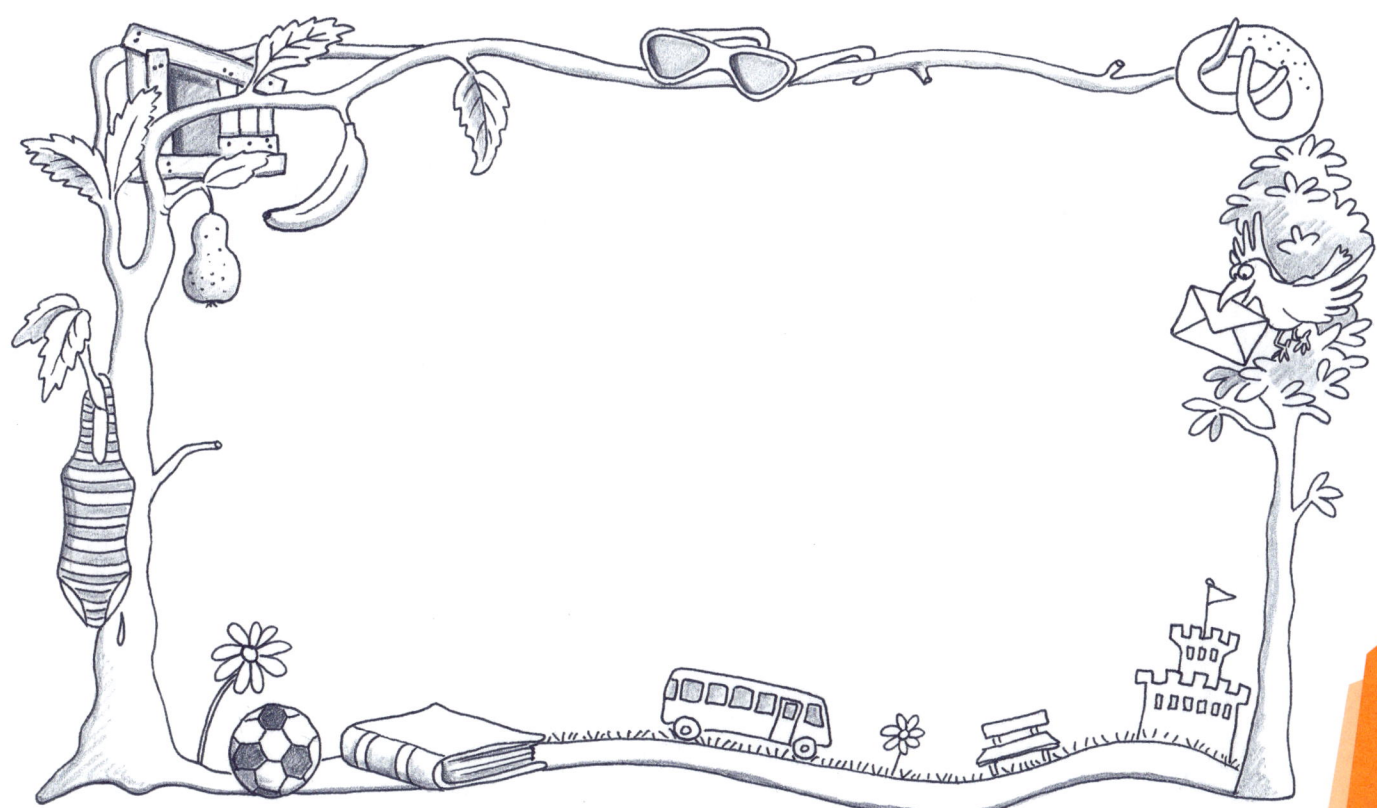

St st

1 👁 ✏ Lies und markiere **St st**.

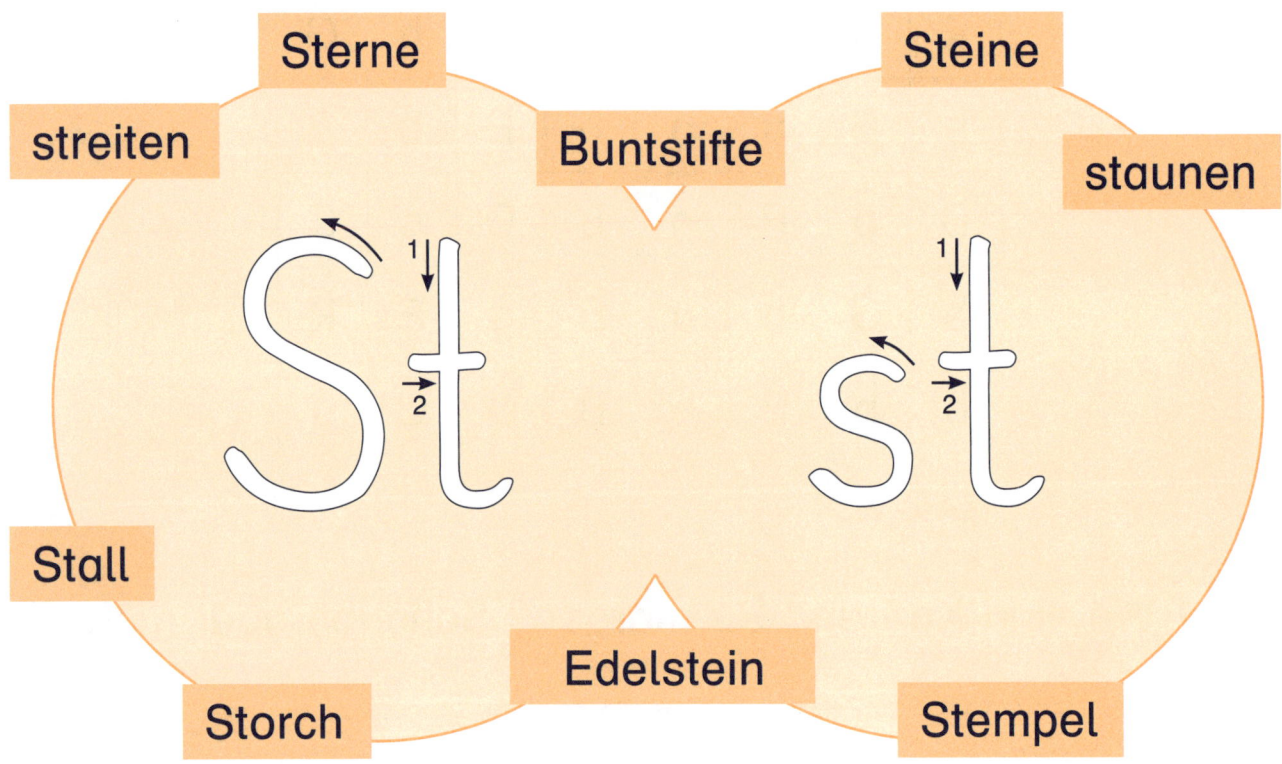

Sterne

Steine

streiten

Buntstifte

staunen

Stall

Edelstein

Storch

Stempel

2 ✏ Schreibe.

St st   St st

Stern

stehen

Stifte

1 👁 ✏ 🦢 Lies und schreibe.

Stör   fen   te   Stel   pel   ne

Stem   Stu   che   Ster   Stif   zen

Störche

2 👁 ✏ Lies mit Silbenbögen und kreuze an.

	ja	nein
Am Strand stehen fünf Sonnenschirme.	☐	☐
Unter dem gestreiften Sonnenschirm schlafen zwei Frauen.	☐	☐
Zwei Kinder streiten sich um einen Ball.	☐	☐
Ein Baumstamm schwimmt auf dem Wasser.	☐	☐
Drei Jungen lassen einen Drachen steigen.	☐	☐
Steffi stolpert über einen Stein.	☐	☐

Sp sp

1 👁 ✏️ Lies und markiere **Sp sp**.

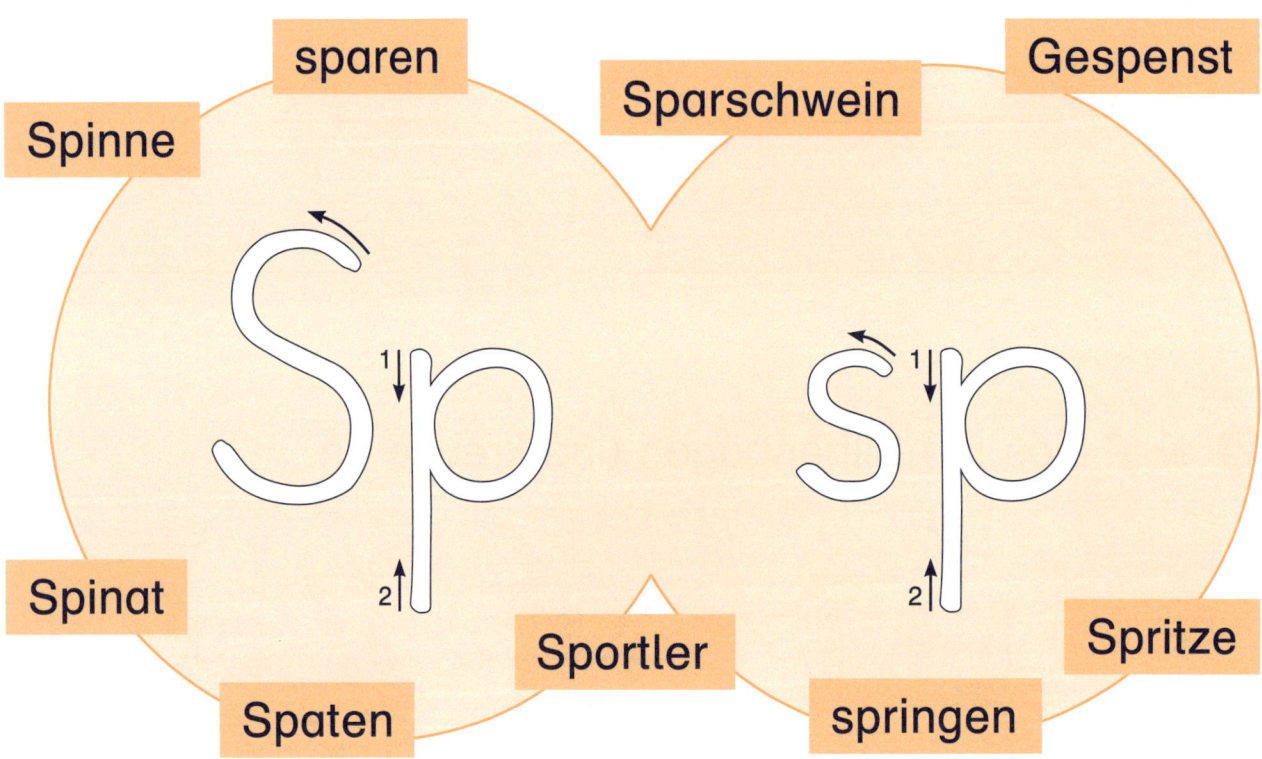

sparen

Sparschwein

Gespenst

Spinne

Spinat

Sportler

Spaten

springen

Spritze

2 ✏️ Schreibe.

Sp sp　　　　　　　　　　　　　　　　Sp sp

Spinne

Sport

sprechen

1 🖊 Markiere **Sp sp** und **St st**.

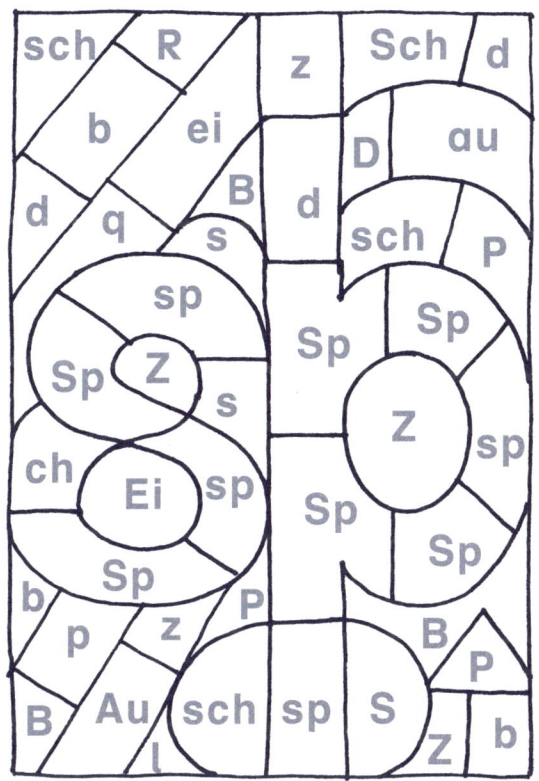

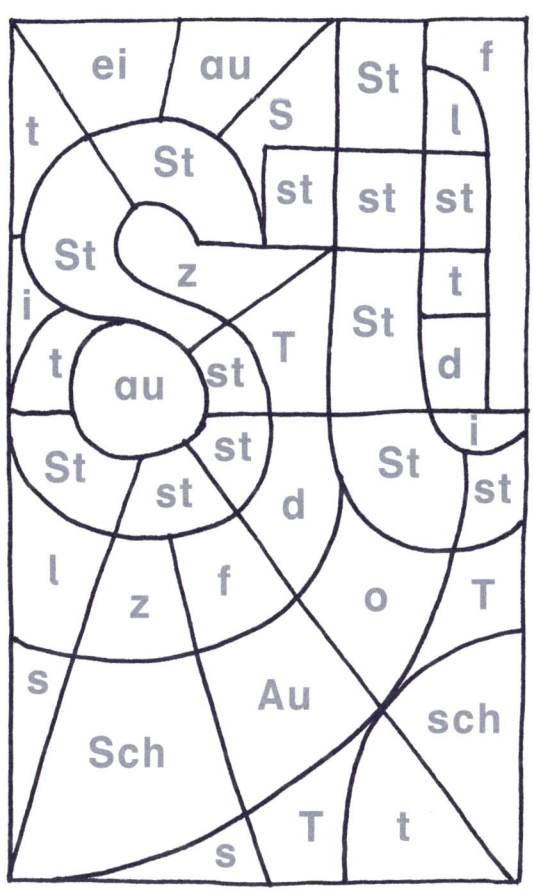

2 🖊 Schreibe oder male.

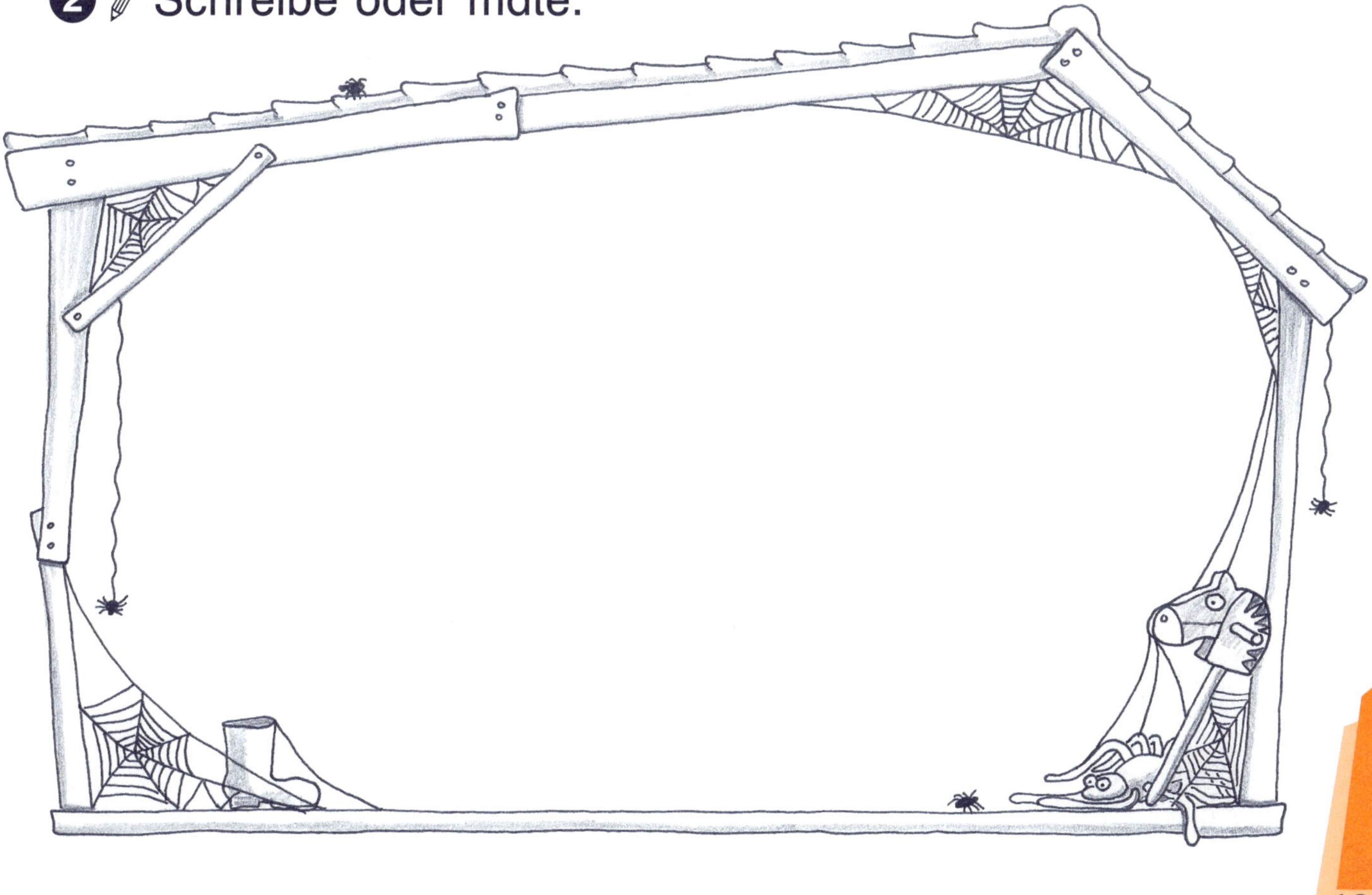

ie

1 👁 ✏ Lies und markiere **ie**.

Batterie

Wiese

ziehen

Briefe

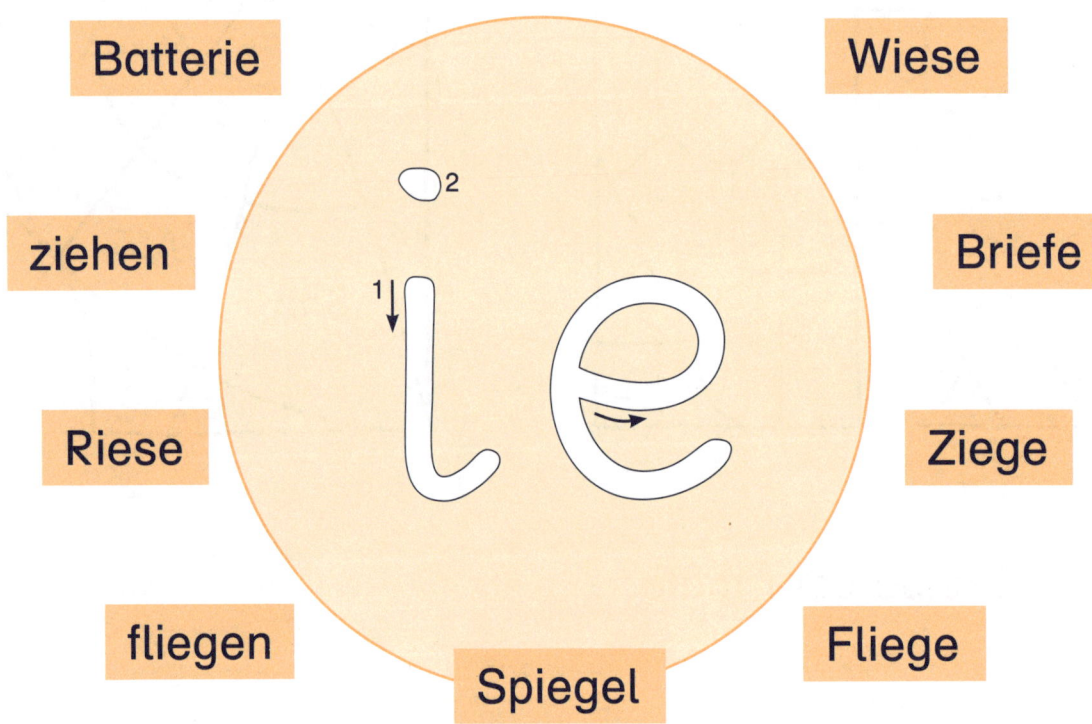

Riese

Ziege

fliegen

Fliege

Spiegel

2 ✏ Schreibe.

ie   ie

Tiere

spielen

niemals

1 👁 🔗 Lies und verbinde.

Rieke und Ole spielen auf der Wiese.

Beide riechen an den Blumen.

Oma und Opa lieben Tiere.

Hannes und Marie schreiben Briefe.

2 ✏ Schreibe.

Bie   ge   Rie   gel
se   Spie
ne   bel
Zie   ge   Flie   Zwie

Qu qu

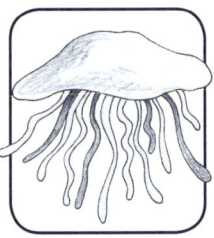

1 👁 ✏ Lies und markiere **Qu qu**.

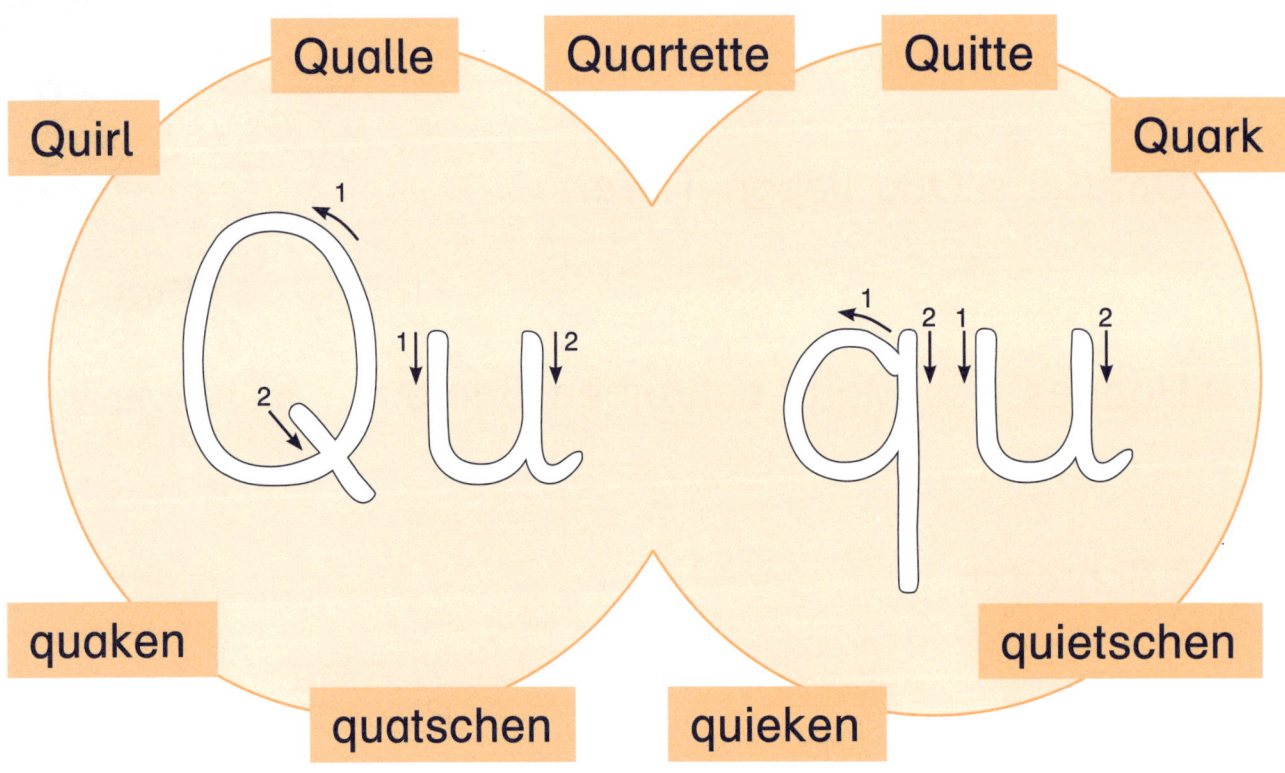

Quirl

Qualle

Quartette

Quitte

Quark

quaken

quatschen

quieken

quietschen

2 ✏ Schreibe.

Qu   Qu

qu   qu

Quark

Qualle

1 ✏️ Male **Qu qu** an.

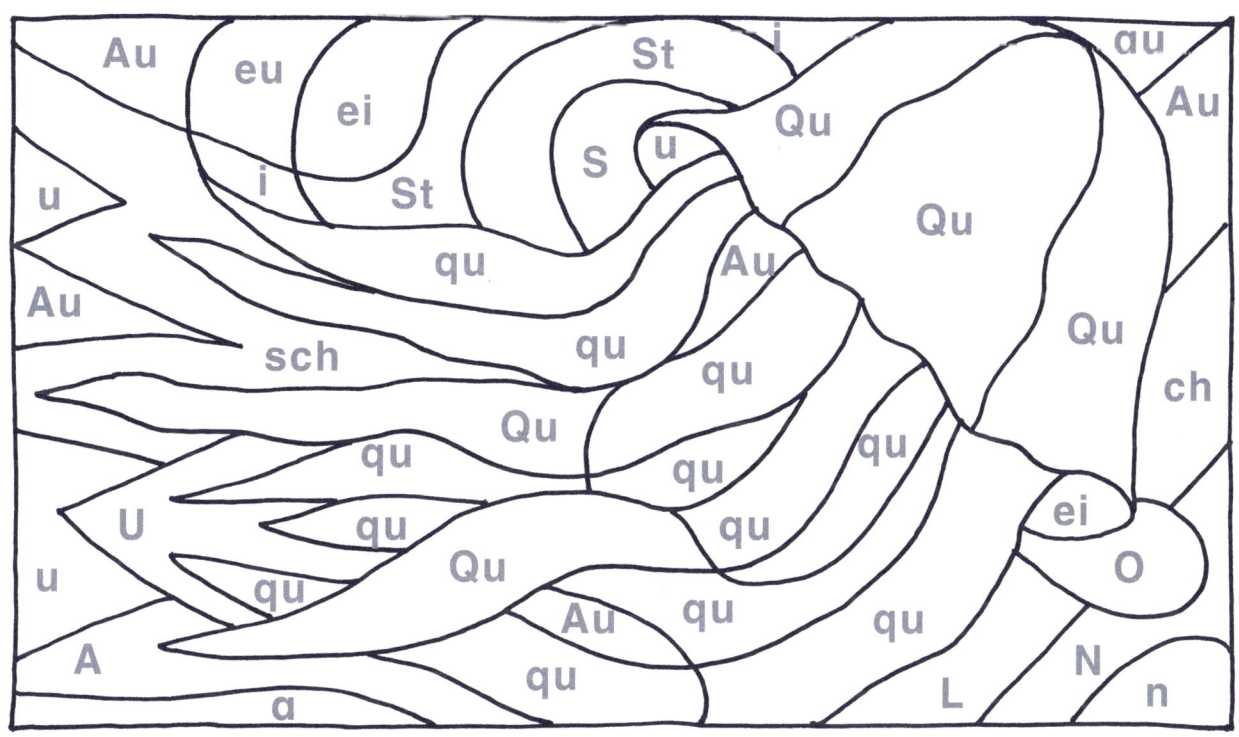

2 👁️ ✏️ Lies und reime. Schreibe auf.

Matsch	Quatsch
Park	Qu
Halm	Qu
Welle	Qu
Halle	Qu
schwer	qu

❶ 👁 ✏ Lies und markiere **V v**.

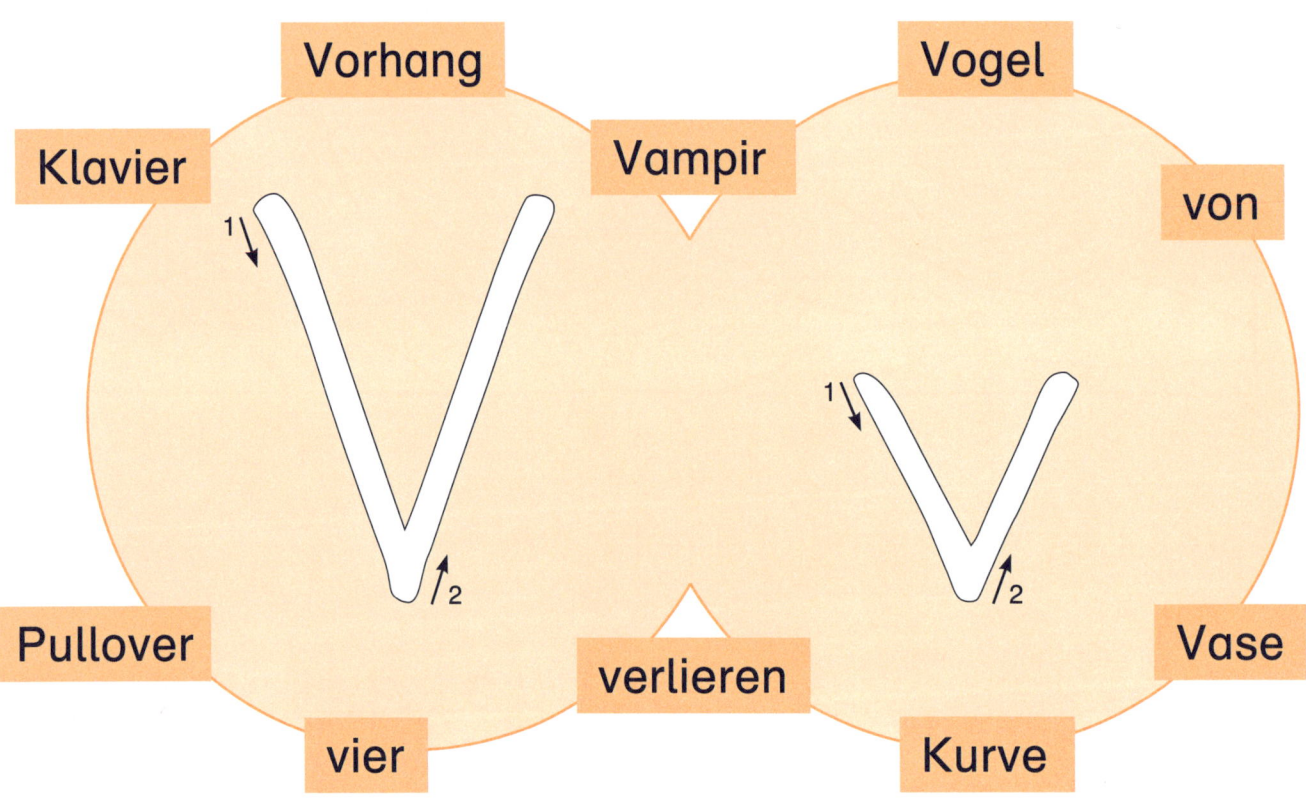

Vorhang

Vogel

Klavier

Vampir

von

Pullover

verlieren

Vase

vier

Kurve

❷ ✏ Schreibe.

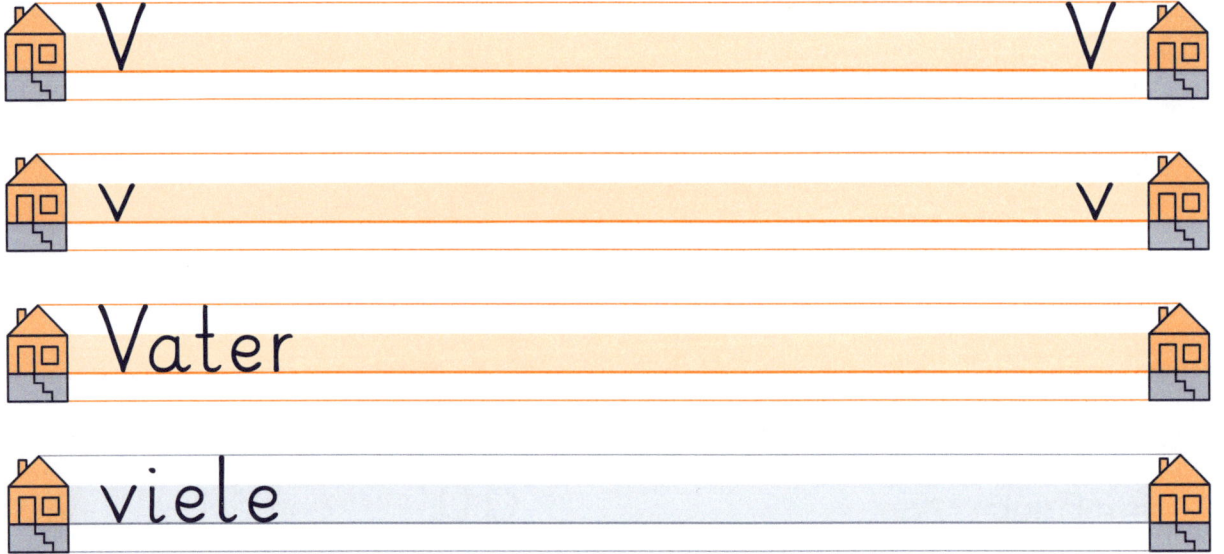

V   V

V   V

Vater

viele

1 ✎ Sprich genau und ordne zu.

Vase   Vogel   Vampir   Klavier   Kurve
Vorhang   vier   verlieren   Pullover   von

v wie

v wie

Vogel

Vase

2 👁 ✎ Lies und male.

Der Vampir trinkt Milch
aus dem Glas.

Toni schläft
und träumt von Vampiren.

❶ 👁 ⬚➔⬚ Lies, verbinde und schreibe.

laufen	verlaufen
schreiben	
ver lesen	

lassen	vorlassen
vor lesen	
schreiben	

❷ ✏ Male **V v** an. Welches Instrument spielt Vladimir?

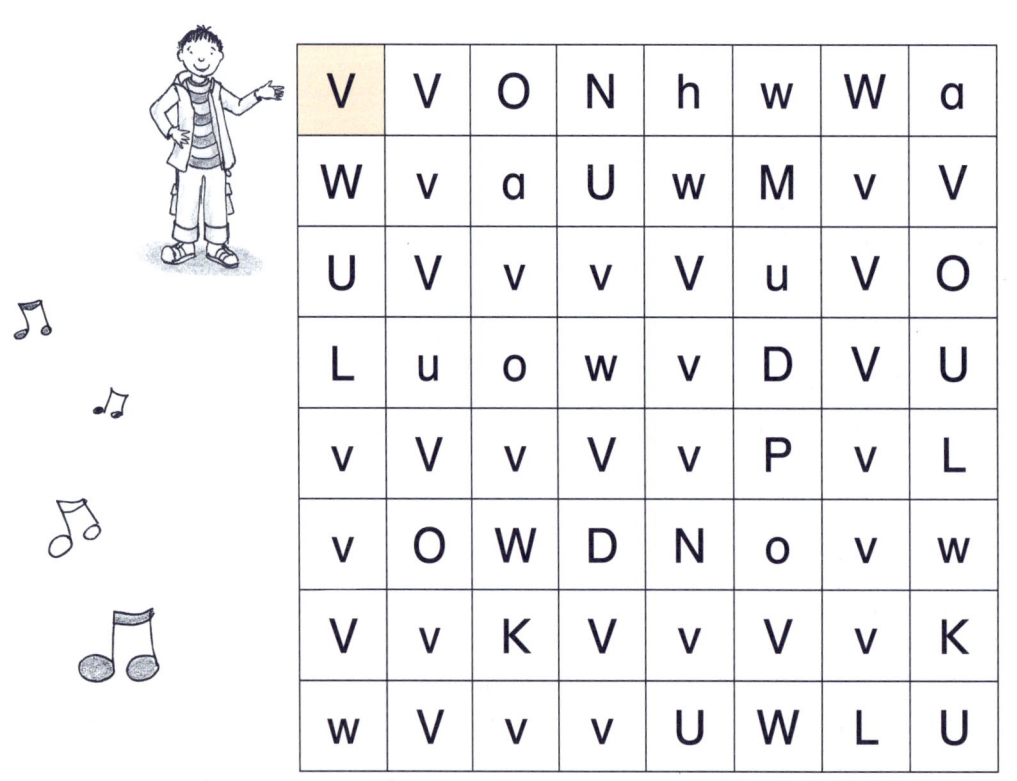

1 👁 ✏ Lies und schreibe.

V̶eil	se	vem	spie	Vo
	chen	ber	ne	gel
Va	No		Ster	len

Eine Blume: | V | e | i | l | c | h | e | n |

Ein Tier, das fliegen kann: ☐ ☐ ☐ ☐ ☐

Blumen stellt man in die ☐ ☐ ☐ ☐

Nach Oktober kommt ☐ ☐ ☐ ☐ ☐ ☐ ☐ ☐

Das tun Kinder gern: ☐ ☐ ☐ ☐ ☐ ☐ ☐

Sie sind am Himmel: ☐ ☐ ☐ ☐ ☐ ☐

2 ✏ Schreibe oder male.

C c

1 👁 ✏ Lies und markiere **C c**.

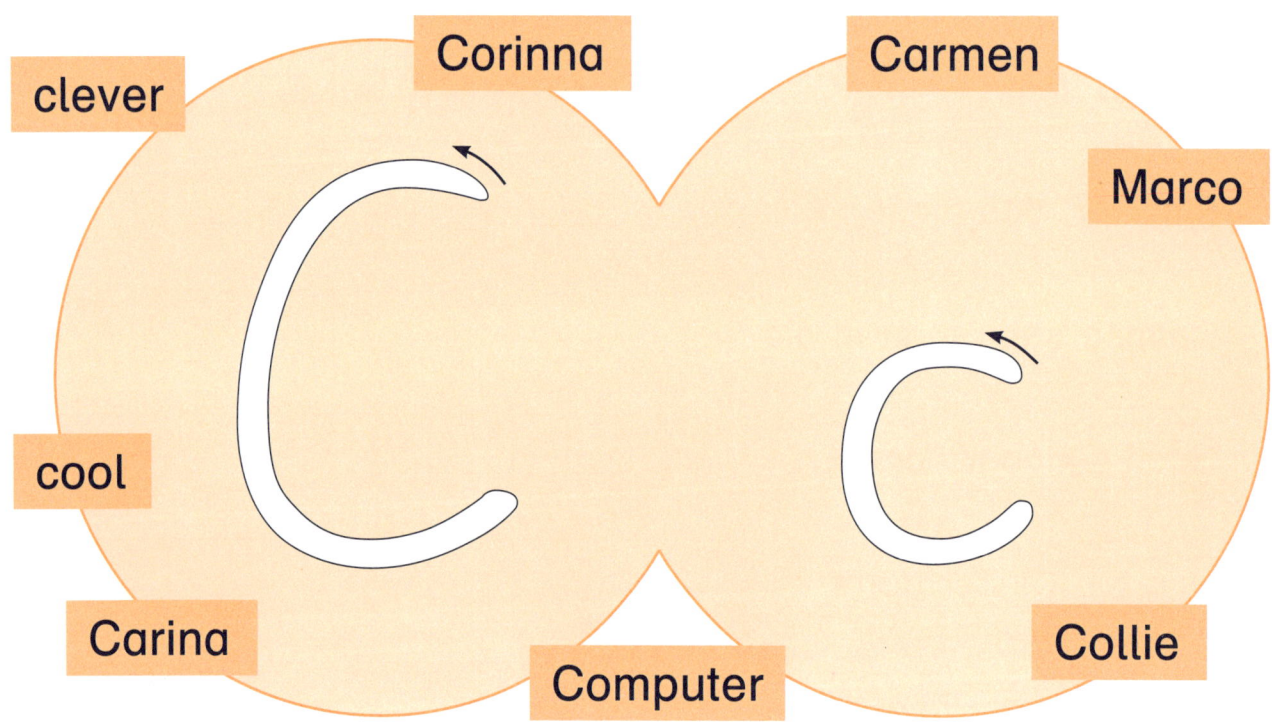

clever
Corinna
Carmen
Marco
cool
Carina
Computer
Collie

2 ✏ Schreibe.

C C

c c

Collie

Computer

1 👁 🖊 Lies und schreibe.

> Col fe M~~a~~r Com
> pu cle ver Brie
> ~~co~~ ter lie

Ein Name: | M | a | r | c | o |

Eine Hunderasse: ▢ ▢ ▢ ▢ ▢ ▢

Viele Menschen arbeiten am ▢ ▢ ▢ ▢ ▢ ▢ ▢

Das bringt der Postbote: ▢ ▢ ▢ ▢ ▢

Ein anderes Wort für schlau: ▢ ▢ ▢ ▢ ▢ ▢

2 👁  Lies und verbinde.

Ein Collie ist   in einem Zelt.

Im Eisladen gibt es   ein Hund.

Im Urlaub schlafen wir   köstliches Eis.

Marco kauft Brause   ein Musikinstrument.

Eine Geige ist   für einen Euro.

Pf pf

1 👁 ✏ Lies und markiere **Pf pf**.

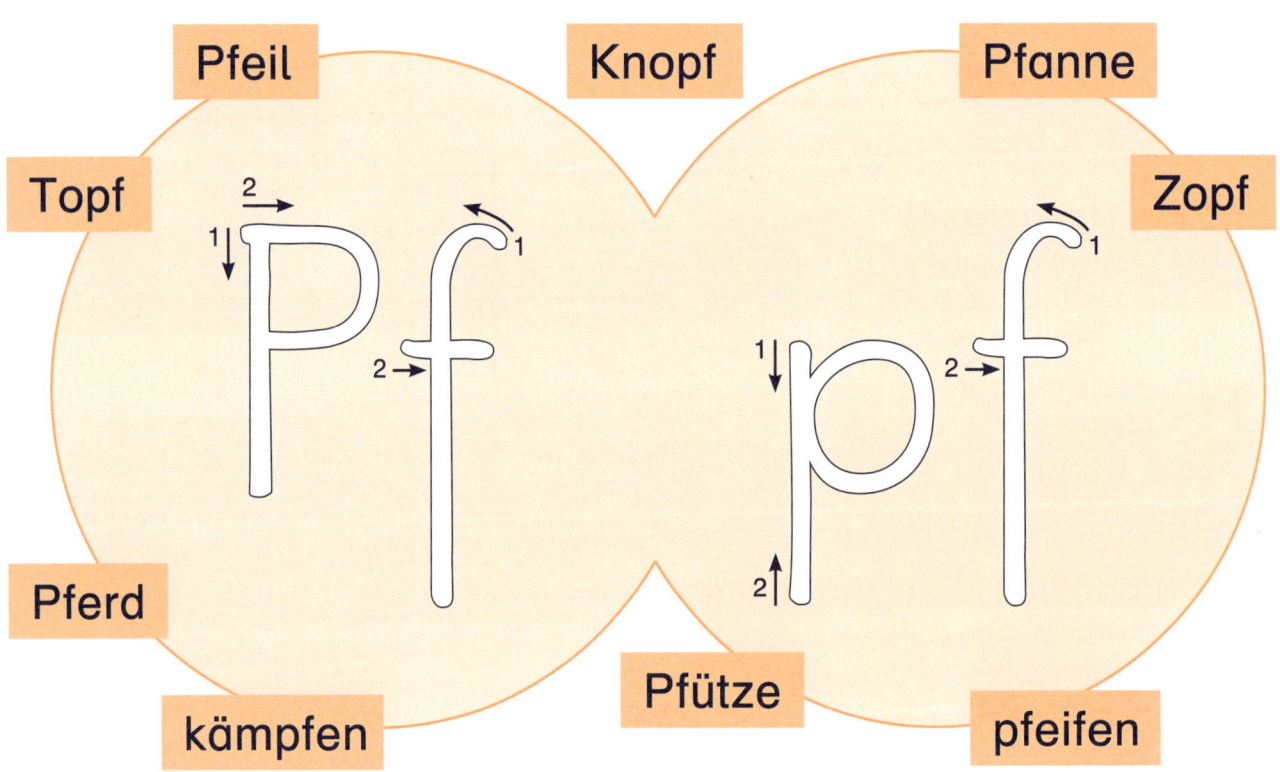

Pfeil · Knopf · Pfanne · Topf · Zopf · Pferd · Pfütze · kämpfen · pfeifen

2 ✏ Schreibe.

Pf pf · Pf pf

Pfeil

Topf

impfen

1 🐦 ✏️ Lies mit Silbenbögen.

Pfeifenrauch   Pferdekoppel   Topfpflanzen

2 ✏️ 👁 Markiere die Wortgrenzen und schreibe auf.

PfiffigePferdespringennichtinPfützen.

3 ✏️ 👁 Lies und kreise ein.

	ja	nein
Auf der Wiese ist eine Pfütze.	T	S
Die Pferde stehen im Stall.	P	A
Auf dem Tisch ist ein Topf.	I	R
Kinder pflücken Äpfel.	M	T
Der Hund hat eine verletzte Pfote.	Z	B
Ein Reiter ist auf dem Hof.	E	F

Lösungswort: _____

1 👁 ✏ Lies und markiere **ß**.

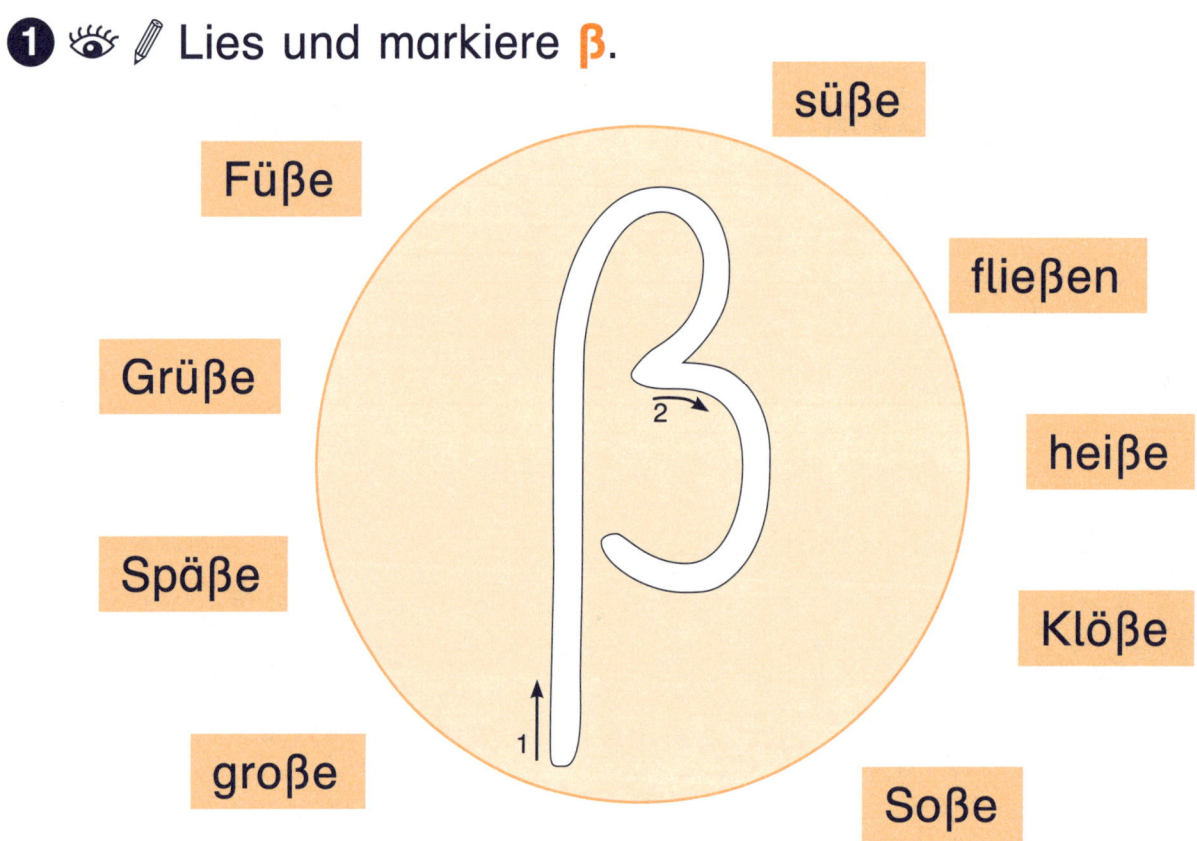

süße

Füße

fließen

Grüße

heiße

Späße

Klöße

große

Soße

2 ✏ Schreibe.

ß ß

Füße

gießen

Straße

1 👁 ✏ Lies und schreibe richtige Sätze.

Bello beißen in den will Kuchen

Mama Papa gießen die Blumen und

heiße essen Würstchen wir

2 ✏ Male β an.

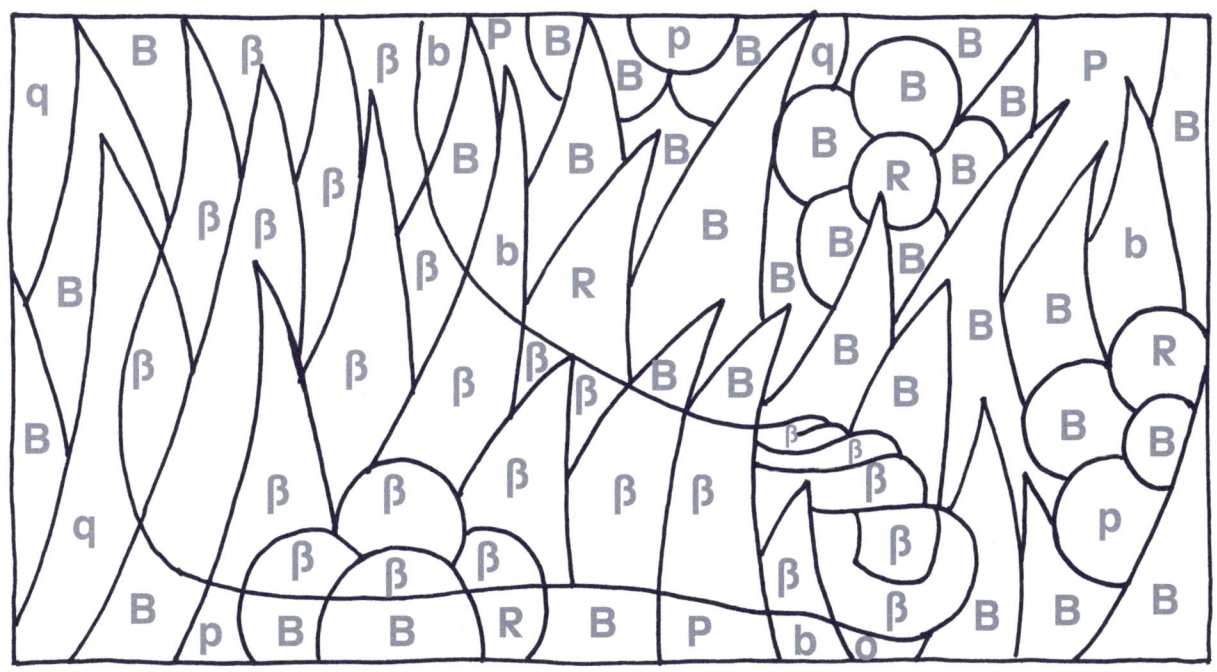

X x

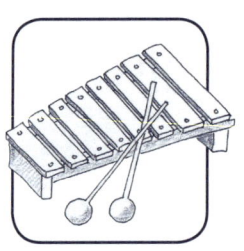

❶ 👁 ✏ Lies und markiere **X x**.

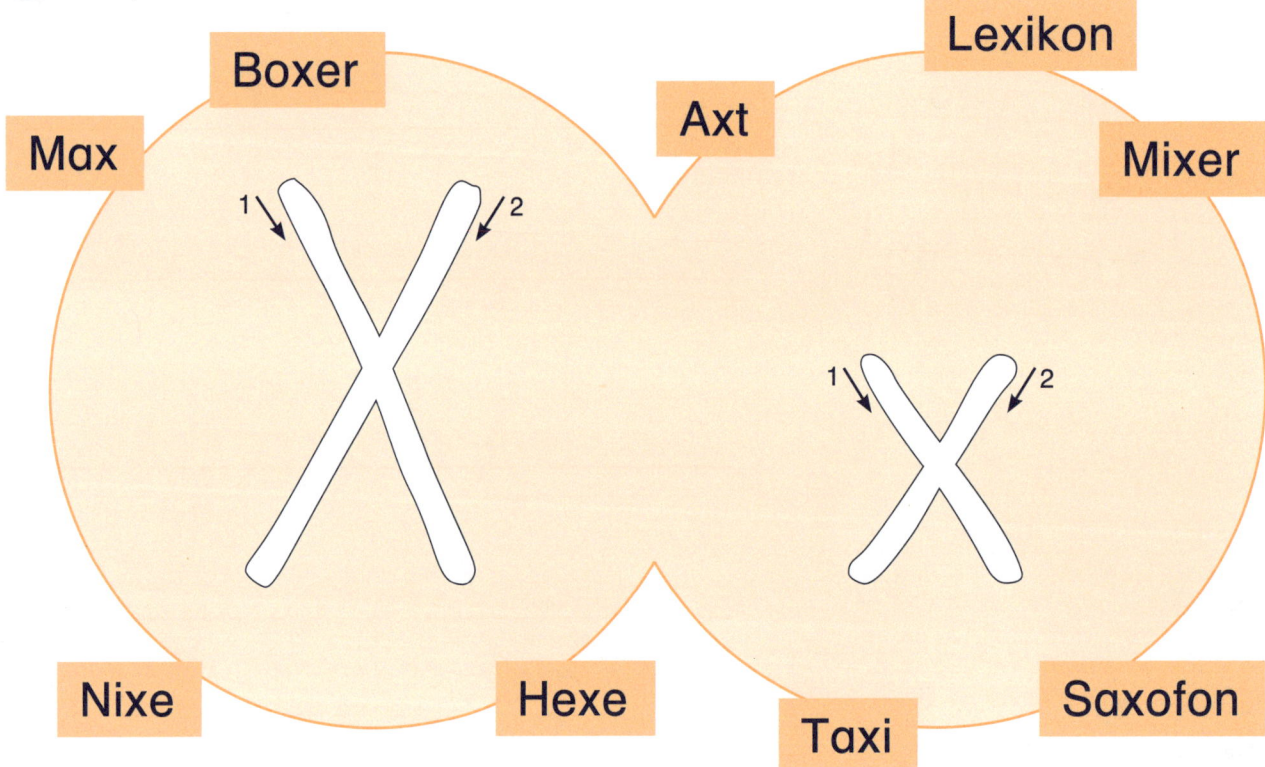

Max · Boxer · Axt · Lexikon · Mixer · Nixe · Hexe · Taxi · Saxofon

❷ ✏ Schreibe.

X   X

x   x

Nixe

hexen

1 👁 ⬜↪ Lies und verbinde.

Max und Alex spielen Klavier.

Max und Alex spielen Geige.

Max und Alex spielen Saxofon.

Die kleine Hexe hext viele Häuser.

Die kleine Hexe hext viele Mäuse.

Die kleine Hexe hext viele Läuse.

Der Boxer Boxi liegt im Schlamm.

Der Boxer Boxi ist ein starker Mann.

Der Boxer Boxi hat keinen Kamm.

2 ✏ Schreibe das zusammengesetzte Nomen auf.

Hexenbuch

Hexen

1 👁 🖊 Lies und markiere **Y y**.

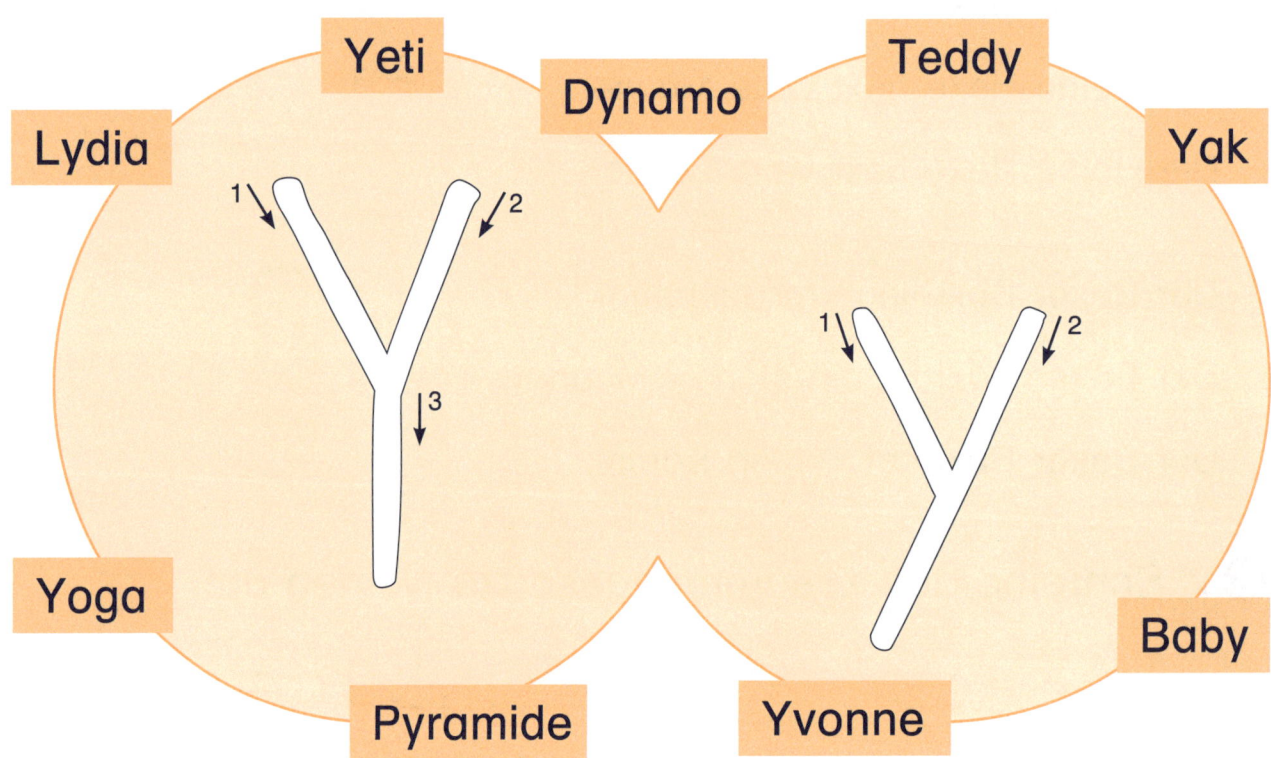

Yeti
Dynamo
Teddy
Lydia
Yak
Yoga
Baby
Pyramide
Yvonne

2 🖊 Schreibe.

Y   Y

y   y

Pony

Yeti

1 👁 👂 ✏ Lies, höre und ordne ein.

Teddy   Pyramide   Yeti   Dynamo   Yak

Baby   Lydia   Yvonne   Yoga

y wie 	y wie 	y wie 
Pyramide	Teddy	Yak

2 👁 ✏ Lies und male.

Das Baby

Das Baby spielt.

Das Baby spielt mit dem Teddy.

Das Baby spielt mit dem Teddy im Bett.

Das Pony

Das Pony trabt.

Das Pony trabt schnell.

Das Pony trabt schnell auf der Weide.

Inhaltsverzeichnis